西南聯大
心理学通识课

曹日昌 等著

天津出版传媒集团

天津人民出版社

图书在版编目（CIP）数据

西南联大心理学通识课 / 曹日昌等著. -- 天津：天津人民出版社, 2024.7. -- ISBN 978-7-201-20603-5

Ⅰ. B84

中国国家版本馆CIP数据核字第2024M8L030号

西南联大心理学通识课
SINAN LIANDA XINLIXUE TONGSHIKE

曹日昌　等著

出　　版	天津人民出版社
出 版 人	刘锦泉
地　　址	天津市和平区西康路35号康岳大厦
邮政编码	300051
邮购电话	（022）23332469
电子信箱	reader@tjrmcbs.com

责任编辑　玮丽斯
监　　制　黄　利　万　夏
营销支持　曹莉丽
特约编辑　邓　华　丁礼江
版权支持　王福娇
装帧设计　紫图图书ZITO®

制版印刷　艺堂印刷（天津）有限公司
经　　销　新华书店
开　　本　880毫米×1230毫米　1/32
印　　张　5.75
字　　数　133千字
版次印次　2024年7月第1版　2024年7月第1次印刷
定　　价　59.90元

版权所有　侵权必究
图书如出现印装质量问题，请致电联系调换（022-23332469）

周先庚（左）与曹日昌（右）

在以西南联大为代表的"大师大学时代"，有很多感人的师徒佳话。比如潘光旦与费孝通，金岳霖与殷海光。而周先庚与曹日昌，也是其中一例。曹日昌于1932年由北平师范大学转学至清华大学心理系，成为周先庚的学生。1935年，曹日昌以优异成绩毕业，周先庚安排他在自己负责的平民教育促进会做研究生，进一步指导他研究成人学习的心理学。三校南迁于昆明联合组建西南联大后，周先庚又推荐曹日昌进入联大哲学心理学系教书。

西南联大原哲学心理学系教室、实验室、办公室旧址

现云南师范大学校园里保留着一间土坯教室,这便是当年联大心理学系的教学办公用房。房子的一半是间小教室,另一半是心理实验室。周先庚、曹日昌等人在这里开会、办公、做实验,给学生上课,为刚刚起步的中国心理学事业开辟道路。据当事人回忆,这间房四处透风,冬天太冷时,大家便把椅子(即火腿椅)搬出屋子,晒着太阳上课。

1942年，曹日昌在西南联大工作时对教学及研究工作的总结

在联大，周先庚和曹日昌师徒二人联手为一年级新生上必修的"普通心理学"课。周先庚太忙，这门课主要由曹日昌讲授。要在一年有限的学时内讲授心理学整体发展与现状，并不是一件容易的事。1942年考入联大心理学系的张世富回忆说："'普通心理学'的内容，概念多，理论多，介绍的实验多。根据这些特点，曹先生在讲授中总是采用实例，举一反三，清清楚楚，绝无一点模糊，讲清一个个概念。对于抽象的理论，他有时从具体事物入门，一步步弄清抽象的理论……"

曹日昌受中央委托邀请钱学森回国的手稿（上海交通大学钱学森图书馆藏）

  1945 年，周先庚支持曹日昌前往英国剑桥大学留学，让自己的得意门生展翅高飞。曹日昌也未曾辜负恩师，终成长为一代心理学大家，为中国的心理学事业做出了卓越贡献。1948 年，曹日昌获博士学位，随即返回香港，成为香港大学公开招聘的第一位全日制心理学教师。特别值得一提的是，他在香港大学任教期间，一边授课，一边秘密为新中国的建设寻找人才。受中央委托，经他手联络安排回国的诸多人才中，最著名的两位便是钱学森和华罗庚。

（由于年代久远，以上原图均为模糊黑白照，彩色复原效果经由 AI 技术处理。）

写在"西南联大通识课"丛书出版前

在艰苦的抗日战争时期,为赓续中华民族的文化血脉,北京大学、清华大学、南开大学以国家民族大义为己任,辗转南迁,在祖国的西南边陲合组国立西南联合大学(简称"西南联大"),在极度简陋的环境中坚持办学。近九年的弦歌不辍中,西南联大以文化抗衡日本帝国主义的铁骑,竖起了一座高等教育史的丰碑,为国家和民族留下一笔宝贵的历史财富的同时,亦为现代的中国在对话世界的过程中展示了中华民族在艰难岁月中坚韧不拔的精神气质,赢得世界的认可。

时光虽然过去八十多年,但是西南联大以其坚守、奋发、卓越,向我们展示了中华民族在寻求民族独立、民族解放、民族富强的道路上的决心。西南联大以她的方式在教学、科研、育人、生活、服务社会等多维的方面,既为我们记录了他们对古老中国深沉的爱,也以时间画卷展现了他们在民族危亡时始终坚定胜利和孜孜寻求中国现代化的出路，并且拼命追赶着世界的步伐。为此，我始终对西南联大抱有着崇高的敬意和仰望。

我想这套书的出版，既是为历史保存，也是为时代讲述。从书中我们可以从细微处感知那一代人他们是那么深沉地爱着她的国家，爱着她的人民。我们会发现，抗战中的西南联大从历史走来，回归到了百年的民族梦想和现代化的道路中来审视她的价值。我想，细心的读者可以发现，历史从未走远。

用朱光潜先生的话来做引：读书不在多，最重要的是选得精，读得彻底。期待读者在选读中，我们一起可以慢慢从历史、哲学、文学、美学等一个个侧面品味西南联大与现代中国是如何向世界讲述中国故事。这便是我读这套书的感受。是为序。

西南联大博物馆馆长
李红英
于西南联大旧址
2022 年 10 月 12 日

编者的话

西南联大诞生于民族存亡之关头,与抗日战争相始终。前后虽仅存 8 年多时间,但其以延续中华文脉为使命的"刚毅坚卓","内树学术自由之规模,外来民主堡垒之称号,违千夫之诺诺,作一士之谔谔"(西南联大碑文语),培育了众多国家级、世界级的人才。不仅创造了世界教育史上的伟大奇迹,更引领思想,开启了中国现代文化史上的绚烂篇章。

弗尼吉亚大学约翰·伊瑟雷尔教授说,"这所大学的遗产是属于全人类的"。"西南联大通识课"丛书,正是我们以虔诚之心,整理、保留联大知识遗产所作的努力。

联大之所以学术、育才成果辉煌,是因其在高压之下仍坚持教授治校、学术自由的校风宗旨,也得益于其贯彻实施通识教育理念。通识教育(general education)是指对所有学生所普遍进行的共同文化教育,包括基础性的语言、文化、历史、科学知识的传授,个性的熏陶,以及不直接服务于专业教育的人人皆需的一些实际能力的培养，目的在于完备学生知识结构，让其"通"和"专"的教育互为成就，进步空间更大。

近年来，"通识"学习需求在社会中表现得越来越普遍，对自己知识素养有所要求的人，亦会主动寻找通识读物为自己充电。这让我们产生了将联大教授的讲义、学术成果整理编辑为适用当下的通识读本的想法，也为保留传承联大知识遗产做出一点小小贡献。

通识课得有系统性，所以我们先根据学科框架设定章节，再从联大相应教授的讲义或学术成果中选取相应内容构成全书。

即便我们设定了每本书的主题，但由于同时选入多位教授的作品，因教授风格之不同，使得篇章之间也显示为不同风格。不过，这也正好是西南联大包容自由、百花齐放的具体表现。

联大教授当时的授课讲义多有遗失，极少部分由后人或学生整理成书。这些后期整理而成的出版物，成为我们的内容来源之一。更多教授的讲义，后被教授本人修订或展开重写，成为其学术著作的一部分。其学术著作，就成为我们的又一内容来源。因此，我们的"西南联大通识课"丛书基本忠实于联大课堂所讲内容，但形态已经不完全是讲义形态。

为了更清晰地表现通识课读本结构，我们对部分文章进行了重拟标题以及分节的处理，具体在书中以编者注的方式给予说明。

由于时代语言习惯不同形成的文字差异，编者对其按现今的使用方法作了统一处理。译名亦均改为现在标准的通用译名。

《西南联大心理学通识课》是一部心理学普及读物，由朱光潜、潘光旦、曹日昌三位教授从七个板块多层面讲授心理学知识，既有基本理论常识的讲解，又有针对青年成长路上心理困惑的纾解。

目　　录

第一讲 | 3
曹日昌　心理学研究什么？

第二讲 | 15
曹日昌　意识

第三讲 | 29
曹日昌　记忆

第四讲 | 89
潘光旦　性与爱的心理学

第五讲 | 127
朱光潜　梦的心理

第六讲 | 145
朱光潜　弗洛伊德的隐意识说与心理分析

第七讲 | 159
朱光潜　青年的心理病态和自救

如果能接受事实，有勇气对自己负责任，尽其在我，不计成败，则压迫感觉不致发生。每个人都需要同情，如果每个人都肯拿一点同情出来对付四周的人，则大家互有群居之乐，寂寞感觉不致发生。人生来需要多方活动，精力可发泄，心灵有寄托，兴趣到处泉涌，则生活自丰富，空虚感觉不致发生。

——朱光潜

曹日昌 （1911—1969） 西南联大哲学心理学系教员

中国现代心理学家，中国现代心理学的重要开拓者，中国科学院心理研究所重要创始人之一，在实验心理学和心理学基本理论领域有开创性研究，曾任中国科学院心理研究所首任所长，中国心理学会第一、二届副理事长。主编《普通心理学》，翻译艾宾浩斯的《记忆》，主译武德沃斯、施洛斯贝格的《实验心理学》等。

第一讲

心理学研究什么？

曹日昌

心理学，顾名思义，是研究意识规律的科学。意识的含义很广，正如不是所有关于物质的问题都是物理学研究的对象，也不是所有关于意识的问题心理学都进行研究。心理学所研究的，大致是关于意识的下列三方面的问题：

1. 意识的起源、发生和发展。物质发展到什么阶段产生了意识？意识又如何由低级状态发展到高级形态？

2. 人对客观现实的反映过程。人经由什么过程和机制反映客观世界产生意识？

3. 人的意识活动的特征。人的意识活动有什么特征？这些特征是怎样产生的？

一、意识的起源、发生和发展

研究意识的起源、发生和发展,主要是动物心理学的任务(儿童心理学和人类心理发展史也有关系)。动物心理学的许多研究成果都是有重要意义的。例如,它的研究表明:如以条件反射的形成作为具有心理活动的指标,那就可以看到心理现象是同神经系统相联系的,因为具有神经系统的动物,在适当条件下大都能形成条件反射。可以说,心理是神经系统活动的表现,是神经系统的机能。动物神经系统的原始形态是腔肠动物的网状神经。网状神经是由低等腔肠动物的神经——肌肉细胞发展来的,后者又是由低等多细胞动物的普通细胞分化出来的。

一切生物机体组织(细胞)都有感应性。当营养物或伤害性刺激直接作用于机体组织时,机体就会发生反应。例如,植物的叶向光和根向水生长,变形虫以至水螅攫取食物和避免伤害性刺激,都是如此。有了神经系统之后,动物就可以感受同生命有间接关系的、远距离的刺激,或"信号"刺激。条件反射就是对信号刺激的反应。神经系统的活动有两种基本的形态,即兴奋和抑制,它们都同生命的基本机能——代谢作用联系着。兴奋是神经细胞的分解作用的特殊形式,抑制则是合成作用的表现。所以神经系统的机能是生命的基本机能之一,它使动物扩大生活环境,反映环境情况,以适应环境,保障生命生活。

随着动物演化阶梯上升,神经系统趋于复杂,心理活动也趋于灵活、丰富。

低等动物所能反应的环境变化的范围很窄，它们只能对于那些同生活直接有关的事物才发生反应。动物在演化阶梯上位置越高，所能反应的环境变化的范围越广，如猿猴搜索和玩弄同生活不相干的东西，从而也丰富了它的生活内容。

动物在演化阶梯上位置越高，反应活动越灵活。低等动物即使动作无结果也不易停止。例如，蜘蛛结网捕虫，虽无小虫落网，蜘蛛每次都趋向网振动的来源方位。虎豹虽也因风吹草动做捕猎的准备动作，但如无捕获对象，虎豹就立刻停止行动。低等动物很难改变它的本能活动，如灯蛾扑火，至死不变。虎豹本来怕火，能吃人，但马戏团中的虎豹能钻火圈，唯训练者的命是从。所以越到高等的动物，越能由个体的经验适应环境。

心理活动趋于灵活和丰富，是由于分析和综合能力的发展。低等动物只能反应环境事物的单一性质上的变化，如只要蜘蛛网一振动，蜘蛛就趋向网振动的来源方位，不管有无小虫。高等动物能综合有关事物的多种变化，给予适宜的反应。蜘蛛不能区别小虫落网同其他原因使网振动，虎豹则极易辨别附近有无捕获对象。这一切说明意识是物质的属性，是物质发展到一定阶段，即神经系统出现时的产物。意识也是由萌芽状态、低级阶段有规律地逐步向高级形态发展的。动物心理的演化发展为人的意识出现准备了前提条件，人的心理同动物的心理有一定的连续性，所以了解动物意识的发展对于研究人的意识活动是有帮助的。例如，达尔文由于对动物的研究，了解了人类许多种情绪表现（如愤怒时的咬牙切齿）的由来。意识发展的研究更有理论意义。

二、人对客观现实的反映过程

心理活动或神经系统的机能是反映环境情况，意识是客观世界的反映。动物特别是人如何反映客观现实而产生意识，这是心理学的核心问题。

人在接触客观事物时，客观事物作用于感觉器官，由感觉器官到大脑和反应器官，发生一系列的神经活动历程，在大脑发生神经活动时人便感觉到作用于感觉器官的事物，这就是感觉。由感觉的痕迹形成表象，同类的表象经过概括形成概念，运用概念进行思维，通过思维，人对客观现实可以有更深入的反映。人由对客观事物的认识产生对客观事物的态度，满意、不满意（情感）、躲避、斗争、改造（意志）等，这是对人自己和客观事物的关系的反映。对这一系列的反映过程，心理学都进行了研究，也有了一定的成果，找到了一些规律。例如，感觉相互阻抑和助长的规律，差异感觉的规律（韦伯律），分配识记优于集中识记的规律，遗忘速度的规律（遗忘曲线），等等。这些规律具有理论意义。它们的获得使人对于人如何认识客观世界，也就是对人的认识活动有了一些了解。

掌握心理活动的规律对于指导生产和其他社会实践活动具有重要意义。例如，工业上凭视力和听力检验产品质量的，不能不注意差异感觉的规律。教育上安排学习和复习，不能不注意学习和识记的规律。

各种专业心理学在其特殊领域内研究人对有关的客观事物的反映过程，研究所得成果对于提高有关业务的工作效率常有重要意义。例如，教育心理学者研究儿童如何掌握数的顺序、关系和实际意义等以形成数的概念，根据研究所得，可以改进小学的算术教学。劳动心理学者研究劳动者对劳动工具和劳动对象如何能有更迅速、全面和准确地反映，从而提高劳动生产率，防止事故，降低劳动强度。医疗心理学工作者研究病人对致病原因和病症的反应如何影响致病和医疗过程，从而制定心理治疗的原则和方法，以促进疗效。

反映是脑的机能，心理现象是脑的活动的表现，因而心理现象为脑的活动规律所制约，也表现出脑的活动的规律性。例如红绿两色互相衬托，倍觉鲜艳；同样的小块灰色纸，贴在蓝纸上显出灰黄色，贴在黄纸上呈现蓝灰色，这叫作颜色对比。又如先后紧接学习两种接近的事物，先学习的干扰后学习的，后学习的妨碍对先学习的记忆，前者叫作抑制，后者叫作倒摄抑制。再如注意的集中和涣散，集中注意一件事物时对其他事物常视而不见、听而不闻，集中注意较久时又不免精神涣散。这几种现象看来好像没有什么联系，但我们认识大脑活动规律之后，就知道这都是由于大脑的兴奋和抑制过程的相互诱导所致。

对于人脑活动的规律，现在知道得还很少；对于多数心理现象，我们还知其然不知其所以然，不能从脑的活动规律来说明。例如对于差异的感觉，何以光的亮度差异达1%，重量差异达1/30，声音强度达1/10，才能感觉出来，不同感觉领域何以比例不同，现在都还没有全面的解释。又如年岁稍大的人都经验过，有时对很熟识的事物，忽然忘记了（如很熟识的同志见面时叫不出名字来），过一会又忽然想起来。对这种现象现在只能说是由于大脑内一时的抑制状态，但何以如此，还不明白。

"脑是思维的器官"。对于脑的活动规律认识越多，对于意识活动才越能有比较深入的全面的了解。掌握了人脑活动的规律，也就有可能运用这些规律，提高脑的工作效能。例如，将来掌握了有关记忆的脑活动规律，就有可能提高记忆的效能，使需要的经验能随时回忆出来。

心理学必须研究脑的活动规律。当然，对于脑的研究，心理学要同生理学有适当的分工。大致生理学研究脑的内部的物质运动，心理学研究脑的活动如何反映外界事物。生理学的研究对于心理学是非常重要的，如巴甫洛夫所说，生理学的研究"替心理学知识打好根基"。心理现象的规律对于生理学的研究也常有指引作用。例如，联想的规律对于暂时联系和接通机能的生理学研究，无疑是有启发意义的。阐明大脑机能是心理学、生理学和其他有关科学的共同任务，以为心理学不必从事脑的机能的研究，不是正确的看法。

三、人的意识活动的特征

由动物发展到人是一个质的飞跃。由于有了社会生活、语言和劳动，人的意识有了新的面貌，同动物的心理已有本质的不同。

人的意识活动的最显著的特征是自觉性和能动性。人不仅有意识活动，还知道自己有意识活动。普通所谓"有意识的"活动，也就是"自觉的"活动。意识的自觉性是同语言分不开的。人有了语言，能叙述当前的客观事物，也能叙述自己的活动。

儿童心理学的研究表明：儿童初步掌握语言时，只能称道客观事物或自己的要求，不能描述自己的活动。到能描述自己的活动时，有计划的活动——这是自觉的意识活动的表现——也就出现了。一种极为可能的情况是：有了反映客观现实的意识活动和对这种活动的叙述，这种叙述由对人到对己，由用有声的完备的语言到用无声的简略的语言，逐步发展成为自觉的意识活动。

儿童有自觉的意识活动是脑的第二信号系统逐渐成熟、两种信号系统协同活动的表现。客观事物引起两种信号系统的协同活动，产生自觉的意识。如果只引起第一信号系统的活动，如在睡眠中因感冷热而盖上或拿开被子，那就是不自觉的活动。心理学对于人的意识的自觉性了解还很少，如果不从脑的活动机制方面进一步研究，那是难以获得更多结果的。

人在接触外界事物的活动中，外界事物作用于感觉器官，引起大脑活动产生感觉，人根据感觉调节接触外界事物的活动，又进一步影响外界事物。这是人对客观现实的反映过程的简约叙述。

人对客观现实的反映是在作用于客观世界的实践活动中获得的，对现实的反映又进一步指导实践活动，就是反映的能动作用的表现。人的意识反映客观规律，人认识客观规律之后，用它改造客观世界，就是意识的能动性。意识的能动性是由意识是对客观现实的反映这一本质产生的。这在儿童心理的发展中也可以得到旁证。儿童最初表现主动性，声明"我自己做"，是在他初步掌握了运用玩具或工具的操作方法之后。这表明：掌握了客观规律，就表现出能动性。

人掌握了客观规律就能预见到事物的将来。关于将来事物的观念（表象）在脑中形成一个优势兴奋中心，由于往复的神经过程，它影响调节有关的神经活动，这可能是意识能动性，也是预见性和自觉性的生理机制的一部分。心理学上研究意识的能动性，必须对意识是客观现实的反映这一本质进行深入的研究。

人的意识活动的另一种显著的特征，是每个人的意识活动都有其个人特点，这是个性。

一个人的个性同他与生俱来的体质有关，但主要是在生活经历中形成。个性主要是一个人的社会关系、生活条件的反映。个性的主要表现是意识倾向性，即对客观事物的态度，如对一些事物倾向于接受或这样处理，对另一些事物倾向于拒绝或那样处理。意识倾向性是通过多次的感性认识（反映）经过概括形成的。

例如，有一个中学生缺乏爱护公共财物和集体主义精神，学校要他去参加工厂劳动。他第一次看到、后来又同工人一起用边料废料做出了很有价值的产品，于是他对公共财物的态度改变了。他参加了流水线生产工作，他看到他的工作如何影响他前后工序的工作，于是他对协作的责任心和集体主义精神也加强了。从这里看出来，改变意识倾向性需要经过具体的认识过程（也就是对客观事物的反映）。心理学研究个性，要看人如何通过对他的社会生活条件的反映，形成个性。掌握了个性形成的规律，也就可以根据它进行培养、改造和教育的工作。

个性是生活条件的反映，而反映是大脑的机能，因此，研究个性也不能忽略脑的反映机能的规律。例如，个性可能有不能适应当前社会生活条件的情况，也就是意识落后于现实。如果不理解脑的活动规律之一——动型的形成和改造，那是不能帮助"落后"的现象的。

个性影响意识活动使它表现出个人的特色，具有个性特色的意识活动也还是遵循意识活动的普遍规律。例如，一组人学习一个文件，事后有人记得多，有人记得少，有人记住这些，有人记住那些，这是个人特色，但从这里总结出记忆的普遍规律，如有意义的识记胜于机械的识记，遗忘的数量因学习后的时间距离而不同（遗忘曲线）等。又如，工人在觉悟提高之后工作效率提高，创出奇迹，这是意识活跃集中容易引起创造性活动这一普遍规律的表现。

研究个性对意识活动的影响，可以深入了解意识活动的普遍规律；掌握了普遍规律，更有助于了解以至教育改造个性。教育工作要"因材施教"，是照顾个性特点；目的在"全面发展"，又是克服一些个性特点。

四、研究的方法决定于研究对象的性质

人的意识活动是一种非常复杂的现象，用什么方法进行研究，也是一个问题。研究的方法决定于研究对象的性质。例如，在神经衰弱的致病原因中，对社会生活和工作的态度常是一个因素。有人对工作异常负责，夜以继日地工作，因过度疲劳而致病；有人昼夜考虑自己的名位待遇，对一切事都不如意，因抑郁忧虑而致病。这两种人显然具有不同的意识，在诊断和治疗中必须考虑到这种差异。但在进行了

分析之后，还必须研究疲劳何以致病，忧虑何以致病。

心理学研究的主要对象，即人对客观现实的反映过程，是不随社会生活条件的变化而变化的。心理学所研究的人在各种社会实践业务活动中的反映活动过程，也不因社会生活条件不同而不同。例如，儿童在两岁前后掌握语言的过程，炼钢工人对火焰火花的鉴别过程，在不同的社会并没有什么差别。

目前心理学还在幼年发育阶段，研究成果不多，研究方法也不够成熟。现在心理学研究的主要方法，还是在各种实践活动领域，观察和记录人的意识活动，从这样得来的材料中分析总结人的心理活动的规律。这样既可以获得科学成果，也可能协助解决实践活动中的问题。这是目前心理学中大量研究工作的方向。

但是，科学研究需要进行深入分析，只观察记录是不够的。要获得确切的成果，还要在控制的条件下对基本过程进行分析，这就是实验法。过去心理学中不少研究成果，是从实验研究中获得的，不应该贬低实验方法的效用。随着实验方法技术的发展，过去无法在实验室中研究的，现在或将来也可能在实验室中进行研究。我们不能把心理现象简单化，以为一切问题立刻都能应用实验方法进行研究；也不能把心理现象神秘化，以为它是万分复杂的（这是事实），不可能用现代科学方法技术进行研究（这是武断的）。

其实，心理意识也是物质运动（脑的活动）所产生的，所有的物质运动都有其共同的规律。例如，感觉活动过程同脉冲通信系统非常类似，就是明证。心理学要研究脑的反映机能，对于脑活动时的内部情况，现在还无法直接观察，这是心理学研究工作遇到的主要困难之一。现代科学技术的发展，为研究脑的活动提供了新的可能。例如，利用讯息论和控制论、自动和遥控技术、电子和模拟计算技术等，模拟一些现实情境，模拟脑的某些活动过程，都是可能的了。并且，心理学者和有关科学工作者协作，也已经在这些方面进行着初步的研究。过去用照相机比拟眼睛，对眼的机能的了解曾有所帮助；现在利用现代科学技术进行脑的模拟，必将对于脑的活动规律有进一步的认识。对于脑的活动规律的了解，又可对机器的设计制造提供新的原则（模拟人体的机能而制造机器是技术史上常见的事）。我们相信，这种人脑同机器比拟的研究，可能是心理学的一个生长点，应当成为现代科学的一个重要领域。

条件反射实验法对于脑的活动规律的研究有过不少贡献。现代脑电生理学可使我们借脑电现象观察脑的活动，也为研究脑的反映机能开辟了新的途径。心理学应当利用一切可能利用的科学上的新成就，使用一切可能使用的方法，采取多路进军、四面围攻的战略，攻克意识活动这个坚强堡垒。

本文原载 1959 年 7 月 9 日《心理学报》

第二讲

意　识

曹日昌

在近来国内学术界关于人类起源和发展的讨论中，涉及了意识的问题，但没有展开讨论。例如人类学家说，较早阶段的南方古猿，"有意识地使用工具"；"随着完全人出现，社会建成阶段"，"而增加人类的思维"。这里古猿使用工具的"有意识"和"人类的思维"是一种什么关系，就值得讨论。

一、人类意识的特征

人是有意识的，有意识是人的特征之一。但在动物界也不是没有意识的前驱或萌芽的。这在高等猿类最为显著。动物心理学家都承认高等猿类有"行动思维"，即处理当前事物的关系和规律的能力，这可称之为意识的萌芽。较低等的动物也有感觉、知觉、记忆等心理现象。但人类意识活动和动物心理活动或高等猿类的意识萌芽有着本质的不同，这主要表现在下列三个方面。

（一）语言表达。人类的意识是和语言分不开的。语言是意识的"外壳"，人的思想"只有在语言的材料基础上、在语言的术语和词句基础上才能产生和存在"。人的意识活动是以语言为工具进行的，也是以语言为表达手段的。我们观察分析一下自己的意识活动，就可看到：在进行思考时，实际也是在做语言活动，尽管这时的语言经常是无声的。

儿童心理学的研究表明：幼儿开始能做一些活动时，他不能用语言描述自己的活动，这时他的活动也很少有有计划、有目的的特征。等到儿童能用语言描述自己的活动时，显明的有目的、有计划的活动也就出现了。从这里也可以看出来，人类个体能进行有意识的活动也是和掌握语言分不开的。

没有任何动物有类似人类的概括的语言，即使是最高的猿类，它们的概括能力也是极为低下的。例如陆续给猿一系列的盒子，一个空盒和一个有食物的交替出现，经过多次学习，猿可以掌握这种"简单交替"的情境，它隔一个拿一个，只拿有食物的。如果把简单交替改为两次交替，即两个空盒和两个有食物的交替出现，任何猿类都不能解决这类问题。推其原因，可能就是猿类因为没有语言，不能概括出在人类看来是非常简单的"成双交替"的规律。

（二）自觉性。人的意识活动，在正常情况下，都是自觉的，即在人有意识活动时，他自己知道是在进行活动。"有意识的"一词，也常是"自觉的"一词的同义语。

自觉性是人类意识的特点。人的有意识的活动是有目的、有计划的活动，就是在活动之前，活动的最终结果和获得结果的步骤，都已经存在于活动者的意识中。意识的自觉性也是和语言活动分不开的。人在从事一种活动时，能用语言描述这种活动，这种活动就是自觉的。例如一个人写字是自觉的，有人问他在做什么，他能回答，"在写字"。会骑自行车的人难于向初学的介绍保持车子不倒的经验，因为骑车时的肌肉活动大部分是不自觉的，不能用语言描述。

由于人的意识是自觉的，人才能以预定的目标、计划控制自己的活动。任何动物都做不到这一点。例如当一只猴子的面放两个扣着的杯子，把一块食物放到一个杯子里面。猴子看到那个杯子底下有食物，但不许它立刻去拿。一般猴子能等30秒钟去拿食物，不会弄错，过了稍长时间，它就把食物的位置忘记了。这薄弱的记忆主要是因为动物没有自觉的意识活动，不能控制自己的注意。

（三）社会实践。有的高等动物也有一些有目的、有计划的活动，表现出一定的"行动思维"，但这些活动都是和动物的本能活动分不开的。例如黑猩猩等动物，在实验室条件下能够用棍棒扒取远处的食物。这种活动是和猿类把弄物体的本能活动密切相关的。实验室的黑猩猩等，只要遇到棍棒，就会拿起来，反复投掷、玩弄。

人的意识则来源于实践经验。人的意识是人对客观世界的反映。人对客观世界的反映不是消极的、被动的，像镜子那样产生当前物体的映像。人是在作用于客观事物时产生对于客观事物的认识，而形成关于客观事物的意识的。人对于一种事物，如果没有直接或间接的实践，就不可能具有关于那种事物的意识。"一个闭目塞听、同客观外界根本绝缘的人，是无所谓认识的"，也就没有关于外界的任何意识。

人类个体的意识是以个体经验为基础。"一切真知都是从直接经验发源的"。在直接经验的基础上，吸取间接经验，即社会累积的前人和他人的经验，使意识的内容更为丰富。人类的实践最基本的是社会生产活动，是一步又一步由低级向高级发展的。原始人用石块砸破一个坚果和我们今天制造万吨水压机都是实践活动，但由用石块打破坚果所获得的关于自然界的认识就远不能和由制造与使用万吨水压机所获得的科学知识相比了。人类的意识世代累积，随着人类社会实践的发展而发展。猿类不能由其群体累积经验，它们的意识的萌芽也就始终只是萌芽。

二、意识和人类其他特征的关系

意识是对客观事物的反映，人在劳动中改变了自然物体，认识了自然物体的属性、规律，也就形成了反映客观世界的意识，所以劳动是意识产生的基础。

人的劳动，区别于动物获取生活资料的活动，在于使用工具，特别是人造的工具。使用自然工具和制造工具，开始时可能都是出于偶然的，犹如现代高等猿类在实验室情况下使用竿子或把两根竿子接起来够取食物一样。由偶尔使用变成经常使用，由偶然动作造出一个工具，发展成经常制作工具，制作越来越多、越来越好的工具，是人类形成的基本条件，也是人类形成的基本过程。由偶尔使用工具变成经常使用工具，就意味着非使用不可。这时人类祖先可能认识到，或极初步地意识到，使用工具的优越性和必要性；而在由偶然动作造出工具发展到经常制造工具时，必然有了关于工具的初步意识，工具已经可能"观念地存在"，经过有计划地行动，把工具制造出来。在使用人造的工具之后，劳动效率提高，对自然规律的认识较前深入，也就使意识较前发展。所以可以说，劳动使人产生了意识，在意识产生之后，促进制造工具，又对劳动的发展起了促进作用。

随着劳动的发展，群体内有了劳动生产的分工，就产生了社会。人类社会和动物的群体有着本质的不同。人类社会的基础是劳动生产的分工，形成动物群体的是种系遗传的本能。在有的动物群体内部，也有不同的个体具有不同的生活机能，如蚁群中有雌蚁、雄蚁、工蚁等，这是由其遗传的身体结构决定的，不能和人类社会的劳动分工相比。人类社会虽然不是有意识地组成的，但社会内部的劳动分工是有意识的活动。动物群体内不同个体的不同活动，只是种系遗传的结果。

人类社会比它的先驱——人类祖先的群体成员的数量大，内部的组织更为复杂，原来群体内部的交通手段不能满足需要了，进而发展成为语言。语言和群体内部的交通手段有着质的区别。

动物群体内部的交通手段，常是由个体的一种活动和外界的一种情境形成一种本能联系。例如警戒雁的一种叫声表示危险情境，雁群听到即行起飞；但这种叫声并不能区别危险情境的性质，如有野兽还是有暴风雨。高等猿群内部的交通手段，情况也是一样。可以说，动物群体内部的交通手段，只能表达少数类别的情境，不能区分一类中个别事物的差异。

只有人类语言，既有一般名称，也能表达个别事物。动物群体内部的交通手段是种系遗传的，如鸟类以下的各种动物群；或主要是遗传的，如猿群。人类的语言是在社会中形成的，个体必须经过一定时间的学习才能掌握。简言之，人类语言有意识内容，动物群体的交通手段，主要只是本能活动和一些简单的条件联系。

意识和语言是一种内容和形式的关系。语言起于交际的需要，是为了表达一定的意识内容的。原始人在生活中累积了一些经验，但没有有效方法交流。有了语言，意识取得物质外壳，就可以固定下来；有了交流的工具，意识也才能累积、发展。明白确切的意识又有助于语言的发展。二者相互促进，共同发展。

意识和语言虽然具有内容和形式的关系，在历史发展上并不经常具有完全对应的关系。不同的语言，可以表达同样的意识内容。人类语音听觉的发展，应当归功于语言，和意识的直接关系较少。文字的发明是语言发展中的一个飞跃，在意识中同时未必有相应的质的变化。但文字的创制和使用，大大促进了意识的发展。在人类历史上，总是先出现了新的思想或事物，然后才有语言命名。

在个体发育中，儿童最初常是对事物有了一定的反映，只能用极简单的词语表达，形成"辞不达意"；稍长就常是先学会说一些话，然后才能确切掌握其意义。在儿童掌握了语言以后，他的意识活动就有了更快的发展；在学习掌握文字之后，意识的发展更进入一个新的阶段。

直立行走是劳动的结果，也是劳动的条件。直立行走解放了双手，从事劳动，使意识的产生成为可能。所以直立行走对意识的产生具有间接的推动作用。同时直立行走，使人类祖先能够抬起头来，使头脑获得丰富的印象。这也为语言和意识的产生提供了前提条件。

三、人类意识产生和发展的过程

关于人类的猿类祖先，大体上和现代的高等猿类如黑猩猩等差不多。它们有一定的群体，主要生活在树上或林中。据动物心理学的研究，现代的高等猿类在实验室条件下，能利用工具解决一定的问题。例如把两条竹竿像鱼竿似的连接起来，去够取笼外远处的食物；或把几个箱子叠置起来，登上去摘拿悬在高处的水果等。据动物学者观察，在自然条件下，现代黑猩猩也有偶尔使用工具取得食物的情况。这些观察研究表明：现代高等类人猿，具有一定的解决问题的"行动思维"能力，偶尔能使用工具。我们设想：人类的猿类祖先也具有类似的情况。

人类的猿类祖先和现代的高等猿类，有一个根本不同之处：人类的猿类祖先从偶然利用工具逐步发展到经常使用工具，以至发展成为人；而现代猿类始终只是偶尔使用工具，也就始终停留在猿的阶段。

由于经常使用工具，人类的猿类祖先的双手就从四肢中分化出来，双手变得自由了，两脚变得有力了。由两脚负担支持体重和移动身体的任务，双手则专门化成为使用工具的器官。这样直立行走成了生活的常态，人类的猿类祖先就跨过了"从猿转变到人的有决定意义的一步"。也可以说，这种高等动物从猿类分化出来，成了最初的人。

从偶尔使用工具到经常使用工具，似乎只是一种量变，实际是一种质变。偶尔使用工具，正如现代猿类所表现的，实际上是不使用工具，而经常使用工具，则是使用工具成了生活的一个组成部分。

由于经常使用工具，人类祖先对于工具的性能和获得结果之间的关系有所掌握。这是偶尔使用工具时所不能做到的。通过利用工具引起有关的自然界的一定变化,对于自然界的一些变动规律,如什么样的果实怎样容易打落,打中野兽什么部位容易使其致死等,最初的人也就有了一定的认识。这就是意识的起端。这种意识是在经常使用工具的生产活动中产生的,已经不同于猿类的行动思维。它不像动物的行动思维那样,仅在满足生物需要的活动中表现出来,而是开始对客观事物的认识了。但和"完全的人"的意识相比,它还缺乏自觉性和有效的表达手段,也还不能表现为具有抽象概括作用的思维活动。这种意识可称之为蒙昧的意识。

最初的人类确立直立行走的姿势,是和由树上生活移居地面有关的。在地面生活,食物不如树上丰富了,敌害也比树上增多了,原来的猿类群体不能适应新的生活环境了,群体不能不扩大。要合力御敌,猎取较大的野兽或其他较多、较大的食物来源,在组织方式上也不能不有所改变。于是人类社会的萌芽也就出现了。

由于群体的扩大和有组织的行动的要求,如攻御或捕捉较大的野兽,猿群内部的交通手段也不够用了,需要新的交通手段,最初的语言萌芽就产生了。由于组织群体生活的需要,这种语言的萌芽或"前人"的语言,不同于猿群内部的交通手段。它除了能表达客观情况以外,也开始要求表达人的活动和区别群体的成员。当然,这种语言的萌芽,在人类语言的发生发展中,也仅是一个过渡阶段。

人类祖先最初使用的工具,无疑都是天然的物品,如木棒、石块等。在使用天然物品做工具时,也可能对自然物品做极简单的加工,如把一根树枝的小枝杈去掉,做成较适用的棍棒,像现代黑猩猩在实验室条件下所做的一样。

也可能由于偶然的动作，做出较合用的工具。例如手拿的一块石头掉在另一块石头上，使前者或后者碰出一些尖棱，更利于砍削。由于生活的发展，经常使用的自然工具在数量上和功用上相对地不能满足需要了，就产生了制造工具的要求。使由偶然动作做出较适用的工具，发展到经常制造工具；由对自然物件极粗糙地加工，发展到逐步精细地加工。也由于是这时的原始人经常使用工具，对于工具的性能或工具和工作对象物的关系有了一定的认识，知道由偶然动作造出的物品更为合用，所以以后会"如法炮制"，更"有意识地"进行制造，并把制作的工艺水平逐步提高。否则像现代猿类，在实验室中偶尔把两根竿子像鱼竿似的接起来用以取得食物，第二天遇到同样情境，并不能立刻接成长竿，又要经过一定时间的玩弄，才又接起来。所以由使用工具形成的蒙昧意识，又转为促进制造工具的一个条件。

制造工具的出现和经常制造与使用，使劳动的性质和效果发生飞跃的变化，转而促使原始人类在各方面发生巨大的变化。制造工具出现之后，工具的发展，较之在使用自然工具的阶段，远为迅速了。不同类别工具的制成，使劳动进一步地分工。随着劳动生产上的分工，就形成了原始社会，开始人类社会的发展史。

在社会生活需要的推动下，前人的语言发展成为正式的人类语言。它不仅能表达自然现象和人的活动，也能表达人的关系，使人类社会能以语言为工具协调成员的活动。有了社会生活，社会实践经验得以逐步累积，人能逐步认识客观世界，前人的蒙昧意识发展成为人类的"愈来愈明白的意识"。

意识和语言又相互促进。具有一定的分析和概括作用的意识，促进分析和概括的语言发展；有了语言，意识得到有效的存在形式，可以逐步明晰确切起来，得到较快的发展，逐步成为自觉的，形成人类的抽象概括思维。人类的意识和语言都是社会的产物。

有的人类学者主张：手的专门化是和人造工具的出现分不开的；只有使用人造工具，才是劳动；在劳动中产生语言，劳动和语言一起又推动人脑的形成，产生思维形式，出现人类社会。这里引起一个问题：制造工具是怎样开始的？

许多人类学者同意制造工具是在使用天然木棒或石块的长时期之后出现的，并且认为这是在长时期的量变基础上所准备起来的质变，是一次突变、飞跃。但究竟在长时期量变过程中产生了什么矛盾的转化，导致突变的发生呢？我们认为是对一些自然规律的初步掌握，是初级的或蒙昧的意识的产生。这使人类的祖先由仅仅适应和"利用外面的自然界"转向开始改造和"支配自然界"。制造工具是人类改造自然界的开始，是支配自然界的手段。

手的专门化应当包括两重意义：一是手从行走的任务中解放出来，成为劳动的器官；二是手变得灵活，成为有效的劳动器官。使用天然工具也可以把手解放出来，但只使用天然工具，劳动操作必然是极简单的，不过是投掷、打击一类的活动。制造工具才能使手变得灵巧。所以，直立行走、手的解放和手变为灵活的劳动器官，有它的发展过程。

把手的专门化仅归之于制造工具，对手的发展过程难于看清楚。认为制造工具才确定直立行走的姿势，才开始劳动，也难于说明人类各种特征的关系。如果说有了制造工具才开始劳动，又说人类一开始就是处在一定的社会关系中从事劳动的，这就是说，制造工具和社会是同时出现的,这又和在劳动中产生语言、劳动和语言一起推动人脑形成、产生思维形式、出现人类社会的说法不尽一致。

虽然人类的各种特征是具有有机联系的,但若把人类的各种特征,人造工具、手专门化、直立行走、语言、意识、社会等,当作是在人类的发生、发展史上同时一齐出现的,对于它们的起源问题,不能算给了圆满的解答,从发展观点看来,也不能说没有理论上的困难。

四、劳动的发展和人类发展中的量变与质变

"劳动创造了人类本身",劳动是人类和人类意识起源、发展的推动力量。什么是劳动,劳动有没有发展?一般认为只有制造工具和使用人造工具进行生产才算劳动,从猿到人的根本矛盾转化的标志是工具的制造和使用,即人造工具的出现。这还难于说明什么促使人造工具的产生。我们认为促使人造工具出现的,也是劳动,只是一种低级形式的劳动。

劳动可以有不同的发展阶段,在较高的阶段,或普通意义上的劳动,所使用的工具是制造出来的,劳动者的意识是比较明确的。但在发展到这个阶段之前,可能有一个较低级的阶段,更原始形式的、过渡性质的劳动。它虽然也是生产性的,具有生产效用,但使用的工具不一定是人造的,可能是一种天然物体。劳动者的意识也不是怎样明确和清晰的。

劳动也和人类其他特征,社会、语言、意识等一样,是由低级阶

段向高级阶段逐步发展的。使用天然石块、木棒等打击野兽，采集果实等也是劳动，是一种低级形式的劳动。正是这种劳动使人类的猿类祖先解放了双手，直立行走，从猿类中分化出来。

由于经常使用工具，产生了最初的蒙昧意识；由于群体发生变化，有了最初的前人的语言。随着劳动的发展，出现了人造的工具，劳动也就进入新的阶段；由于使用了人造工具，劳动的形式和内容有了迅速的发展，促进了手的逐步灵巧，蒙昧意识的逐步明确，前人语言的逐步丰富，劳动上也出现了生产分工。有了生产分工，人类组成原始社会。由于社会生活的需要和社会实践经验的累积，促使人类正式语言和意识的发生和发展。这就是我们对于人类和人类意识的起源和发展的一些粗浅的设想。在这个设想中还有下列一些想法。

人类的产生是由生物演化准备了自然前提。人类的猿类祖先的躯体和心理发展水平、生活习性等，为向人类转变提供了可能。在它们和生活环境条件发生新的矛盾，食物减少，敌害增多时，它们通过劳动解决了这一矛盾，使矛盾发生转化，它们由被动地适应环境转为积极地改造生活条件。人类祖先以劳动改造客观世界，取得生活资料，就使包括人类在内的自然界的发展获得了新的原则。人类发展的规律根本不同于人类以外的自然界的发展规律了。

人类祖先能进行劳动，是由其具有比较灵活的上肢和一定的"行动思维"能力准备了自然前提。劳动的前驱是本能活动。本能是习得的活动，经过种系遗传累积形成的。本能是无意识的。劳动发源于本能，开始时意识也是蒙昧的。劳动产生了意识，意识成了劳动的特征，劳动也就成了本能的对立物。意识是劳动的产物，又反作用于劳动，对于劳动的发展又具有一定的促进作用。劳动的发展，不仅不同于动物本能的演化，也不同于人类意识、语言等特征的发展。意识、语言都是生活的反映，而劳动则是生活的创造者。劳动的发展首先表现为工具的发展。劳动工具改变了，劳动的组织形式也就随之改变，也推动着人类在各方面的发展。劳动是人类各种特征发展的决定力量。

从猿到人的转变，是一个由量变到质变的发展过程。在这样一个复杂的发展过程中，量变质变的关系也是异常复杂的；在不同的方面，量变质变都可能有不同的形式。人类祖先由偶尔使用工具到经常使用工具，在使用频率上是一种量变，但由经常使用工具产生关于工具和劳动对象的性质的一些极初步的认识，就是一种新质的产生。由于这种新质的产生与累积和生活发展的需要，导致在使用工具上一次最大的质变，由使用自然工具到制造工具和使用人造工具，开始了人类发展的新阶段。

在从猿到人的转变过程中，在意识、语言、群体组织各方面都有多次的重大的质的变化。例如，在意识中，表象的产生和概念的形成；在语言中，概括的和特殊的词的出现，连贯的语言和语法的产生；在群体组织中，配偶关系的改变，劳动分工的出现，等等，都是在人类的形成与发展过程中根本性的质变。这些重大的质的变化是通过新质要素的逐渐积累和旧质要素的逐渐衰亡而实现的，还是经过爆发，爆发的形式如何，都是今后应该探讨的课题。

本文原载 1966 年 3 月 2 日《自然辩证法研究通讯》，
原标题为《人类起源和发展过程中的意识问题》

第三讲

记　忆

曹日昌

一、记忆的一般概念

（一）记忆的意义与作用

人在感知过程中所形成的对客观事物的反映，当事物不再作用于感觉器官的时候，并不随之消失，而能在人的记忆中保持一个相当的时间，在一定条件下，还能重现出来。例如我们从前看过一幅画，现在这幅画不在面前，还能把它的内容大致想起来。

记忆主要以回忆（再现）和认知（再认）的方式表现出来。以前感知过的事物不在目前，把对它的反映重新呈现出来，叫作回忆；客观事物在目前，感到熟悉，确知是以前感知过的，叫作认知。例如我们以前听过一个曲调,若能不看乐谱把它哼出来,便是回忆;若别人演奏时能听出是以前听过的,便是认知。

回忆和认知所以可能,是由于过去的反映被保留着;过去反映得以保留,是由于经过了识记。识记通常是一种反复的感知过程,借以形成比较巩固的联系。例如识记外文单词,常是经过多次诵读,形成它的音、义、拼法间的巩固联系,从而记住它。也可能经过一次感知就能记住,例如有人对于一些曲调听过一次就能记住。

不仅感知过的事物能保持于记忆,而且思考过的问题、理论,接触事物时体验的情绪,经过练习做过的动作,都可能记忆。就内容来说,记忆可分为感知形象的记忆、语词概念的记忆、情绪的记忆和运动的记忆。

例如游过北海公园之后,可以想起白塔的形象,就是形象的记忆;对于抽象概念,如"逻辑""理性"等意义的记忆是概念的记忆;第一次听到"五星红旗迎风飘扬"的歌声时,如何感到兴奋鼓舞,现在还清楚地记得,这是情绪的记忆;多年前学会打字、游泳,现在还都会做,这是运动的记忆。

记忆是人脑对过去经验中发生过的事物的反映。识记、回忆和认知都是记忆的过程。

记忆是反映机能的一个基本方面。由于记忆,人才能保持过去的反映,使当前的反映在以前反映的基础上进行,使反映更全面、更深入。也就是有了记忆,人才能积累经验,扩大经验。

记忆是心理在时间上的持续,有了记忆,先后的经验才能联系起来,使心理活动成为一个发展的过程,使一个人的心理活动成为统一的过程，并形成他的心理特征。

不用说，没有记忆，一切心理的发展、一切智慧活动，都是不可能的；就是记忆发生局部的或一时的障碍，如因脑受伤或精神病患而发生的对某一时间阶段以前的经验或某一类经验的全部遗忘，心理活动也要发生极大的困难。

（二）记忆表象

刺激作用停止后，它的影响并不立刻消失，可以形成后象。视觉后象最为明显。后象可说是一种最直接、最原始的记忆。后象只能存在很短时间，如最鲜明的视觉后象也不过持续几十秒钟。

但是有些客观事物的形象可以长期保留在记忆中。例如古书《列子》上说韩娥歌唱之后，她的歌声"余音绕梁欐，三日不绝"，就是听者对她的歌声较长期地保留在记忆中。又如许多人游览了长城之后，长城的雄伟形象可以长期保留在记忆中，每一想起长城，就仿佛看见它那蜿蜒万山丛中的雄姿。在记忆中所保持的客观事物的形象，称为记忆表象或简称表象。

表象和后象不同：后象是由刺激作用的后效直接形成的；表象是记忆的效果，是在回忆时引起的。后象有正负，受注视背景的影响，通常负后象占优势；表象无所谓正负，和注视背景无关。后象一般不受意识的控制；表象通常是有意地回忆起来的。后象持续的时间很短；表象的持续可以由意识控制。

表象和知觉自然更不相同：知觉是对当时的客观事物的反映，是由当前的客观事物引起的；表象是对从前感知过而当时不在目前的事物的反映，通常是由有关的其他事物引起的。

和知觉比较，表象没有知觉那么鲜明，表象不能表现所反映的客体的一切特征或属性，表象也总是不稳定的。例如我们对于天安门的形象算是很清楚的了，但试想出天安门的形象，即形成天安门的表象，再想斗拱是什么颜色，顶上有些什么饰物，这在表象中都是很不清晰的。表象所反映的通常仅是事物的大体轮廓和一些主要的特征。

表象的鲜明性，在不同的人可能是很不同的。有人有鲜明的视觉表象，对很久以前看过的东西都可能有清晰的形象；有人有鲜明的听觉表象，对听过的乐曲有鲜明的形象；有人对别人表演的动作能很好地模仿下来，可能具有较鲜明的运动表象。

有的儿童在观察一件东西之后，在短时间内，可以形成异常鲜明的表象，可以对表象继续进行"观察"。例如有人给儿童看一张内容相当复杂的图画，看几十秒钟以后，有的儿童就可以根据自己产生的表象描述图画的内容。又如小学中有少数儿童背诵课文的时候，有鲜明的书本的表象，好像看着书本朗诵一样。这类表象称为遗觉象。遗觉象是部分学龄儿童特有的现象，一般到青年期就消失了。

对一件事物的表象常包含着对那件事物的实际反应活动的缩影。在有表象活动的时候，常发生一定的运动反应。

例如想起天坛祈年殿的形象，即发生祈年殿的表象，就常发生微弱的眼肌的收缩，使眼球发生微小的转动，这些运动可以用精密的仪器记录下来。

又如请人拿一个小球，闭上眼睛，一手牵着系在球上的线把球提起来，想象小球沿着一个圆周滚动，很快就可以发觉小球真的沿一定圆周动起来，这就是由于产生小球滚动的表象时，手臂的微弱的运动引起的。

用肌肉电流也可以证明表象中的运动成分。例如请运动员作赛跑的表象，或提琴家作演奏的表象，同时记录前者腿上的或后者手臂上的肌肉电流，可以看出在有表象活动的时候，肌肉电流都有显著的增强。

表象在记忆中占有很重要的地位，过去感知过的事物在回忆时多数都可以表象的形式出现。试回忆过去的一件事，如参加大学入学考试，这时考场、同场考试者、监考人以至试卷、题目种种形象，都可以浮现出来，对当时自己的情绪、态度也可能有一定的表象。

可以说，记忆的内容，大部分是过去感知过的事物的表象。

有了表象，也就是有了记忆，复杂的心理活动才有可能。如果人只能反映当前的事物，也就是只有感知形式的反映，就不可能进行思维。

有了表象，人能保持过去的反映，才能拿过去的事物和当前的事物作比较，也就是进行思维。所以表象是由感知到思维的必要的过渡环节。

这在儿童心理的发展中也表现得很明显。例如我国心理学工作者曾进行过幼儿园儿童的加减法计算训练。原来儿童只能按实物计算，不能做口头计算或心算，研究者先让儿童借实物计算，然后把实物掩盖起来，要儿童想着那里的实物计算，也就是利用表象进行计算，经过这个过渡环节，儿童较快地就能进行口头计算或心算了。

（三）词在记忆中的作用

表象可以分为单一的或特殊的和综合的或一般的，前者是单个事物的表象，后者是一类事物的表象。例如关于祈年殿的表象、天安门的表象是特殊的表象，树的表象和书的表象就是一般的表象。

人关于事物的表象经常和事物的名称联系着，常由事物的名称唤起它的表象。例如提起天安门，就引起天安门的表象。

对于一般的表象，不仅在唤起时需要提起那类事物的名称，表象的内容也常因当时对那类事物的言语叙述而更丰富和完整。例如提到狗，有人往往仅有一个较清晰的狗的头部和颈部的表象，身躯四肢都很模糊，这时如果自己提出"还有尾巴和腿呢"，才可以唤起一个比较完整的狗的形象。由此可见，人产生的表象经常是和言语、词联系着的。

一般的表象是概括的形象，如关于桌子的表象可能是经常使用的那张桌子的表象，但那张桌子的个别特点（木质纹理、抽屉把手等）在表象中就可能没有，而桌子的一般特征（桌面、桌腿）总是表象中突出的部分。

但表象的概括有一定的限度，复杂的事物、关系，表象就不能概括其内容了。例如上课这件事，每人可能都有关于它的表象，但都难以正确地、完全地包含它的内容。能包含复杂事物的内容，进行更高度概括的是言语、词。

词可以概括地标志事物，作为事物的信号，记住词也就容易记住它所代表的事物，所以词在人的记忆中有重大的作用。

由于词是概括的，用词可以把复杂的事物概括起来，这就使记忆更加容易。例如以 6 除 10，商 1 余 4，这一运算，在珠算上用"六一下加四"这句口诀概括起来，使学习、记忆、运算都大为简便。利用口诀来帮助记忆，是我国人民创造的优良经验。

用词标志客观事物，使人不仅可以在事物间或它们的表象间形成联系，也可以在标志它们的词之间形成联系。在有些情况下，也只能在标志不同事物的词之间形成联系（这时事物本身间不可能形成联系），这样往往可以帮助记忆。

例如法国第一次资产阶级革命发生在 1789 年，冯特建立第一个心理实验室是在 1879 年，这两件事本无联系，可是我们在记忆这两件事的年代时可以想，两端 1、9，中间 7、8 颠倒。实验室的建立在革命之后，于是实验室的建立是在 1879，而革命发生在 1789，两个年代都可以记住了。

不同的人对同样的事物可能有相同的表象，但是不同的人的表象不能直接交流。只有借助语言，才能交流经验，所以借助语言（言语、词、文字）可以记忆（识记、再现）以语言表达的社会经验，从而丰富自己的经验。

言语、词不仅可以概括客观事物，也可以概括记忆的规律和有效的记忆方法。人掌握和记住了这样的规律和方法，在记忆活动中运用，就使记忆成为有目的、有计划的活动。这是人的记忆区别于动物的记忆的最主要特点之一。

由于词具有概括作用，可以把复杂的过去经验概括起来，就更容易集中过去经验中最主要、最有价值的东西。例如用词把过去许多成功的与失败的经验概括起来做出如下的表达："若想把事情办好，首先必须进行深入的调查研究"。

有了这一概括，就可以使过去的经验对当前和以后的活动发挥调节、指导的作用，也就是使记忆或记忆中的经验发挥更大的作用。

由于词的概括作用，过去的经验有的完全以词的概括的形式保持着。例如回忆过去学过的计算圆面积的方法，就可以用一句话表达出来："半径平方乘圆周率。"

有的经验却部分以表象的形式，部分以词的形式保持着。以词保持的部分是纲目，以表象保持的部分是细节。例如回忆过去参加某项斗争的经验，可以想起斗争中许多人物、场面的形象，这是以表象形式保持的；这些表象形式的内容又以"那是反对什么的斗争""那是第一阶段""那是成功的经验"等语句连贯起来，概括起来，形成完整的经验。所以，过去的经验总是以表象和词的形式保持着，回忆也总是凭借表象和词二者进行的。

二、识记

（一）识记对活动任务和内容的依存性

人偶然感知过的事物，阅读过的文献，在一定情况下体验过的情绪，仓促间做的动作，当时并没有意图记忆它，但是有不少可以记住，事后可以回忆起来，或在再度出现时可以认知它，这叫作无意识记。

无意识记表明了凡是发生过的心理活动，都在机体，特别是脑中保留一定的影响，这种影响在客观刺激的作用停止后，并不立刻消失，而以一定的方式保存下来，以致以后在适当条件下可以恢复原来的心理活动，表现为对有关事物的记忆。

任何发生过的心理活动都会在脑中保留影响，不过"深浅"不同，影响深的可以保持较久的时间，很久以后还能记忆；影响浅的，事过境迁，就不复记忆了；也有可能影响虽然不浅，但始终没有适当的条件，记忆不能表现出来。

人有许多知识是由无意识记积累起来的。例如关于居住地点附近的情况，许多日常生活经验、谚语、传说、故事等，在接触时都没意图记忆它们，却成为个人知识经验的组成部分，有不少是相当重要的组成部分。

人所接受的教育活动中的许多内容，也是通过无意识记的过程的。所谓"潜移默化"，就是说有一些良好影响是通过无意识记而接受的。

并不是所有接触过的东西、体验过的情绪，都可以记住，无意识记具有很大的选择性。在生活上具有重要意义的，和人的兴趣、需要、活动的目的、任务适合的，能激起情绪活动的事物，常常容易记住。这类事物常常只要经历一次就可牢牢记住。

例如战士第一次参加战斗，飞行员第一次单飞，科学工作者所做的重要的实验，因对自己的工作、生活具有重大意义，在当时激起了深刻的情绪体验、活跃的思考与积极的行动,常可经久不忘。

但有更多的事物,虽经接触,甚至经常接触,如果没有记忆的意图,对它们就没有印象。最常见的例证是,对自己居住的建筑物的台阶、楼梯的数目,办公室电钟的数字形式等,多数人都回忆不起来。

有人做过一个实验,让受试者计算印在颜色纸上的不同颜色的字母中的 O 字。事后问受试者实验用纸的颜色,除 O 外还有些什么字母、什么颜色等。受试者的回答错误非常多。这证明没有记忆的意图,就不易有清晰的记忆。

有记忆的意图或任务,因而采取一定的措施,按一定的方法步骤进行识记,称为有意识记。在教育和生活中有意识记是更重要的,对于需要学习的知识、技能,都必须进行有意识记。在一般情况下,有意识记的效果比无意识记要高得多。

对于记忆除了一般的"要记住"的任务以外,还可以有不同的特殊的任务。

例如对于一件事物可以要求记住它的内容,也可以要求记住它发生的前后顺序或组成部分的排列次序;对于一篇文章可以要求记住它的基本内容、主要思想,也可以要求逐字逐句地记忆它;对于任何要记忆的东西可以要求当时或一定时期内记住它,也可以要求长期地或永远地记住它。

不同的记忆任务和要求,对于记忆的效果、方法、进程都可能有不同的影响。

记忆的任务如何,对识记效果有很大的影响。在一个实验中给成人受试者呈现一系列的图形,让一组受试者识记图片呈现的顺序,另一组受试者只识记图形。实验结果,第一组有 80% 的受试者,第二组只有 43% 的受试者能正确记起图形的顺序。

以儿童为受试者也得到相似的结果。成人经过 12 天后,第一组正确回忆的百分数仍和实验后一样高;儿童经过 6 天之后,曾有识记顺序任务的受试者正确回忆的百分数显著降低,同没有识记顺序任务的受试者相等了。

这个实验结果证明:识记任务对成人和儿童的识记效果都有积极的影响,而对成人的影响更能持久。

对于一篇文章,如要求识记它的主要思想,学习者识记时就要注意它的基本内容和各部分间的逻辑关系,试制它的内容提纲。记忆的进程开始是缓慢的,等到融会贯通,理解全文的论据和逻辑结构的时候,识记的进度就较快了。

如要求识记一篇文章的字句,学习者就要逐字逐句诵读,时时试行背诵,识记的进程常是逐步进展的。

如要求当时记忆,学习者常偏重于记忆文字和内容纲要;如要求长期记忆,学习者常注意内容的逻辑结构。要求在当时记忆或长期记忆,记忆的巩固程度也常常大不相同。例如给一组受试者两段难易、分量相等的材料,事先说明学习之后一段在次日检查,前一段在一周后检查,而实际上都在两周后检查,后一段的记忆成绩平均会远比前一段的好。

如果识记的客体成为活动的对象或活动的结果,学习者积极地参与活动,即使没有识记的意图,记忆的效果也常较好。

在一个实验里,给受试者许多图片,每张图片有一个数字,画有一种家庭用具或水果。让一组受试者按图片内容进行分类，让另一组受试者按数字把图片分别放在写有数字的纸板的相应位置上。然后出其不意地检验对图片内容和数字的记忆。结果第一组受试者回忆图片内容的成绩高于回忆数字，第二组受试者回忆数字的成绩高于回忆图片内容。

另一个实验分两部分：在第一部分实验中，给受试者一些句子，要受试者阅读并评论每一句，指出内容正确或错误，没有告诉受试者要识记，但事后要受试者回忆这些句子；在第二部分实验中，给受试者难度相等的类似的一些句子，要受试者识记。结果表明，受试者对第一部分实验中句子的记忆效果比第二部分的显著地较好。

在另一个实验中，给受试者一系列成对的句子，每一对句子都和一种文法规则相符合，要受试者指出每对句子所体现的文法规则，并按照这一规则自己造一个句子，没有给予识记任何句子的指示，但在第二天要受试者回忆主试者所提出的句子和受试者自己所造的句子。结果表明，对自己编造的句子的识记效果比对主试者所提出的好三倍。

一种事物如果成为智慧活动的对象，它就容易清晰地被感知，深刻地被理解，与其他经验形成联系，因而被较好地识记。自己活动的成果更是与许多经验相联系的，因而常能较巩固地保留在记忆中。

（二）理解在识记中的作用

依识记的材料有无意义或学习者是否了解其意义，识记可分为意义识记和机械识记。

在意义识记中，学习者根据对材料的理解，运用有关的经验进行识记；在机械识记中，学习者只能按照材料所表现的形式进行识记。

两种识记的效果大不相同。例如在艾宾浩斯（H. Ebbinghaus）的实验中，他识记12个无意义音节需要16.5次才能成诵，识记24个无意义音节需要44次，识记36个无意义音节需要55次，而识记六节诗，其中有480个音节，只要7.75次就能成诵。

在无意义音节中，由于和有意义音节接近的程度以及可能引起的联想的多寡不同，有的音节（如HAN）的"意义性"高些，有的音节（如JID）的意义性低些，识记意义性高低不同的音节，效果也不相同。

在我国心理学工作者进行的一个实验中，受试者识记意义性高的和意义性低的音节各12个，诵读10次，对意义性高的记住了7.17个，意义性低的记住了5.88个，二者相差1.29。用统计学方法考察，差异显著。

所谓材料的意义就是指材料代表着一定的客观事物，和学习者的某些经验有一定的联系。例如"桌子"这个词的意义在于它标志着客观存在的桌子，并和学习者的工作与学习的经验有一定的联系。

学习者在识记的时候，先理解材料，就是认识材料代表着什么客观事物，和自己的哪些经验有联系，它在经验中占一个什么位置。

例如理解"桌子"一词的意义，就是认识它标志着一定的客观事物，它在经验中有一定的位置，它是工作、学习的用具，它是家具的一种，等等。把识记的材料和经验中的特定部分联系起来，明确地认识到它在经验中的位置，识记就比较容易了。

识记的材料通常不像"桌子"一词那么简单，它经常包含着许多部分，各部分之间有一定的关系。

识记材料的时候应当首先弄明白：它标志或说明什么客观事物和规律，也就是它的主旨或基本精神是什么；它如何说明事物，它有哪些论点和依据，它的各个论点和依据之间有什么逻辑关系，也就是它的逻辑结构如何。

还可以分析它与过去学习过的材料，有关的知识、经验，有什么共同点和不同点，关系如何。材料的基本精神、论点、论据、逻辑结构以及与过去知识、经验的关系，就是它的意义。掌握了它的意义，也就容易记忆它。

为了掌握材料的意义，最好对它先进行分析，把它的基本精神、论点、论据、逻辑结构找出来，并以自己的语言把它们概括而确切地叙述出来，这就是通常学习时所做的提纲。经过了自己的分析，用自己的语言做过提纲的材料，是比较容易记忆和保持的。

由上所述可以看出，材料的意义就是它代表什么，反映什么，指示什么。意义也就是联系，和客观现实的联系，和已有经验的联系，材料各部分间的联系，等等。联系越多，意义内容就越丰富。对材料的意义理解越深刻，联系也就越多。

所谓无意义的材料就是联系很少或只有孤立的联系的东西。例如 NOB 这个字音，只有拼法和读音两方面，识记它时也只有把拼法和读音联系起来。它不标志任何其他事物，也就是没有其他联系，对它的识记也就是机械识记。

对任何汉字，如果只知它的字形、字音，而不了解它的字义（如对弢字只知它读 tāo，不理解它和韬字的关系），也就成为无意义的，识记起来要困难得多。

意义是联系，识记就是建立联系，巩固联系。识记任何材料的时候，应当尽量建立较多的联系。如果材料本身所指示的联系很少，可以找一些人为的联系。例如识记辛亥革命的年代（1911），可以想到它比中国共产党建立（1921）恰好早 10 年，就会有助于记忆。

在教学中，有时利用一些直观材料，如实物、模型、图片、图表等，这样可以建立较多的联系，因而有助于记忆。例如有人在教小学生学习外语的时候利用图片，提出一个外语词，告诉汉语词义，同时出示代表词义的图片，这样学生识记的成绩一般比单提出汉语词义要高得多。

在学习的材料中总有一些是无意义的或意义较少的，或暂时还不能理解其意义的，如有的地名、人名、年代、物体比重，等等。对这些材料就需要运用机械识记进行记忆。所以对机械识记的作用也要有足够的估计。

有时对于极有意义的材料，限于学习者的理解水平，一时还不能理解或充分理解其意义，也需要先运用机械识记。在以后的复习过程中，随着经验的积累，认识水平的提高，再逐步理解或深入理解，也是常有的事。

不过对有意义的材料，总要先求理解其意义，这不仅对学习是重要的，对记忆也是重要的，要防止无论对什么材料都采取"死记硬背"的机械识记。

（三）识记对材料性质、形式和数量的依存性

识记就是识记一定的材料，识记的效果自然制约于识记材料的性质、难易和其他属性。

识记的材料，按性质不同，可以分为许多类别，例如可以是直观材料（实物、模型、图片等），也可以是描述同样事物的语文材料。识记直观材料和语文材料的效率，因人而异。有人对直观材料印象深刻，因而识记效果好；有人因语文材料便于诵读复习，识记效果较好。

一般说来，成人对语文材料识记较好，儿童对直观材料的识记常优于语文材料。语文材料中有内容意义较丰富的，也有内容比较贫乏的，对前者的识记效果常较后者为好。

一篇内容丰富的文章可能是理论性质的，也可能是描述性质的，假定难易程度相似，识记效果因学习者的训练、兴趣等而定。

性质相同而难易不等的材料，自然容易的材料易于识记。难易不同的材料在识记进程上也常有不同。

识记容易的材料常常开始时进展较快，后来逐步缓慢下来，成一减速的曲线；识记艰深的材料，常是开始时进展较慢，后来逐步加快，成一加速曲线。

同样性质的材料也可能有组织形式的不同。我国心理学者曾用同样的12个无意义音节，让一组受试者识记12个连续的音节（称为序列字表），另一组则把12个音节配成6对（称为成对字表）进行识记，第二组的识记效果比第一组的好。

有人在实验中给受试者同样字数的语文材料，一部分是一篇意义连贯的文章，一部分是些零散的句子。受试者阅读一遍之后，对于文章的内容比零散句子的内容记得较多，但对零散句子的原文词句比文章的词句记得较多。

同样性质的材料，也可以用不同的方式呈现。例如同一文件，可以让受试者阅读，也可以读给他听，识记效果因人而异。有人对读过的文件记得多，有人对听过的文件记得多。较多的人是阅读之后记得较多，因为阅读文件时进度是由自己控制的，对难点可以反复阅读，一时未加注意也可以反复阅读，听时就没有这些便利条件了。

材料的数量对于识记效果有很大的影响。一般说来，要达到同样的识记水平，材料越多，平均用的时间或诵读次数越多。

在前述艾宾浩斯的实验中，他识记12个无意义音节，达到能背诵的程度，需要念16.5遍，24个音节需要念44遍，36个需要念55遍。在后来有人做的实验中，受试者识记12个无意义音节到能背诵，平均每个音节需时14秒；识记24个音节，每个音节平均29秒；识记36个音节，每个平均42秒。

在识记有意义的材料时，平均时间的增加，不像无意义材料那样显著，但趋势是相同的。在一个实验中，研究识记不同字数的课文所用的时间，得到下列结果。

表 1 识记材料数量与识记时间

课文字数	识记总时间（分）	100 字平均时间（分）
100	9	9
200	24	12
500	65	13
1000	165	16.5
2000	350	17.5
5000	1625	32.5
10000	4200	42.0

上述结果是识记课文词句所用的时间，如果识记课文内容事实或论点，识记时间就依内容逻辑结构、学习者经验等条件而定，不只依存于课文字数了。

识记无意义的材料，若达到能背诵的程度，不论材料长短和所用时间多少，在所用时间的一定部分时间内，识记材料的百分数常是相对固定的。例如有一个实验的结果如表 2。

识记有意义的材料，在各段时间内识记的数量受材料的意义、各部分间的逻辑关系等的影响很大，上述的规律就不显著了。

表2 识记时间与识记材料数量

所用时间百分数	识记材料百分数	
	数字	无意义音节
16.7	30+	33
33.3	45	50
50	55	66
66.7	63	75
83.3	75	80+
100	100	100

适应材料的长短,在识记方法上有整体识记法与部分识记法。前一种方法是整篇一遍一遍地阅读材料,直到成诵为止;后一种是一段一段地背诵,到分段背诵完毕,再合成整篇背诵。如果材料的数量不太大,一般以整体识记法较好。它适合背诵的要求(要求背诵全篇,不只是其中一段),也不致发生用部分识记法可能发生的各段次序颠倒的错误。在材料过长时,整体识记就感到困难,只能应用部分识记法。

通常最好的还是两种方法并用。先把材料整体读几遍,抓住全文的要旨,对特别困难的部分多诵读几遍,再全部诵读,如此反复,直至成诵为止。

材料中夹杂的或伴随材料的有关或无关的东西,如插图、附注等，对于识记效果也有一定的影响。

在我国心理学工作者进行的一个实验中，要受试者识记成对的字，在成对的字上加上有关的或无关的其他字或数字。结果见到：附加有关的字或数字，有利于识记；附加无关的字或数字，不利于识记。

（四）复习的作用

识记是建立联系、巩固联系的过程。联系要经过强化才能巩固。复习的作用就在于强化联系。同时，复习也可以提供机会，促进理解，使识记更有效地进行。在多数情况下，识记都要经过复习。

我国古代教育家孔子就劝人"学而时习之"。我们学习过的东西，如果经常复习，就可长期不会忘记。

艾宾浩斯用实验结果验证了这一点。他在一个实验中识记无意义音节和诗，达到成诵；第二天再复习，达到成诵；如此继续，达到成诵需要复习的次数越来越少，第五天对于诗不复习也能背诵了。实验结果如表3。

艾宾浩斯的实验结果指出了两种有趣的现象。以诗的识记而论：（1）就恢复到成诵程度说，第四天的0.5次复习的效果等于第二天的3.75次或第三天的1.75次，好像第四天念一遍比前两天念一遍的效果都要好。（2）同是过了一天，但第一天到第二天，似乎遗忘得多，因为需要多次复习才能成诵；第二天到第三天，第三天到第四天遗忘逐渐减少；第四天到第五天，第五天到第六天则没有遗忘。日常的学习和识记中，也有类似的现象。

表3 复习的累积效果

实验日	达到成诵所需复习次数	
	12个无意义音节	80个音节的诗
1	16.5	7.75
2	11	3.75
3	7.5	1.75
4	5	0.5
5	3	0
6	2.5	0

尤斯特（A. Jost）把这两种现象概括成两条规律：(1)两种联系，具有同样强度而经历不同，经同样复习，经时较久的联系获益（提高巩固的程度）较大。(2)两种联系，具有同样强度而时间经历不同，经同样无复习，经时较久的联系损失（变弱、遗忘）较小。

为了保持巩固的记忆，根据上述规律，刚学过的东西，应该多复习。随着记忆巩固程度的提高，复习次数可以逐渐减少，间隔时间可以逐渐加长。

复习的效果不是机械地决定于复习的次数，在很大程度上取决于学习者在复习过程中的活动方式和复习的组织安排。

如果识记需要成诵的材料，在复习时学习者若时时试图背诵，复习的效果可以提高，即达到成诵需要复习的时间或次数减少，或复习到一定时间或次数时回忆的成绩较高。

有人曾做过一个实验,他要受试者识记无意义音节和传记文章各 9 分钟,其中一部分时间用于试图回忆。诵读和回忆的时间分配不同,记忆的成绩就有显著的差异。用于试图回忆的时间越多,记忆的成绩越好。实验结果如下:

表 4 诵读时试图回忆的效果

时间分配	16 个无意义音节回忆百分数		5 段传记文回忆百分数	
	立刻	4 小时后	立刻	4 小时后
全部时间诵读	35	15	35	16
1/5 用于试图回忆	50	26	37	19
2/5 用于试图回忆	54	28	41	25
3/5 用于试图回忆	57	37	42	26
4/5 用于试图回忆	74	48	42	26

在复习过程中试图背诵,一方面由于学习者的积极活动,可以提供更多的建立联系的机会,有利于识记;另一方面由于试图背诵时更清楚地了解材料的特点与难点,可以更好地分配复习,在难点上多进行诵读。

复习的组织对于识记的效果有很大的影响。复习可以连续地进行，也可以在复习之间间隔一定的时间，前者称为集中复习，后者称为分配复习。如计算一定时间内的成绩，集中复习因复习的次数多，识记效果较好；如计算一定次数后的复习成绩，则分配复习的效果较好。

在我国心理学工作者所做的一个实验中，受试者分为四组，识记四个各有 12 个无意义音节的字表，各个字表都用 10 分钟识记。第一组连续诵读 20 次；第二组隔 30 秒钟读一次，共读 10 次；第三组隔 60 秒钟读一次，共读 7 次；第四组第一、二两次隔 90 秒钟，第二次以后隔 120 秒读一次，共读 5 次。如按末次的成绩，一至四组正确记忆的音节数是 4.83、4.13、4.03、3.25，复习次数多的成绩较高。如按第五次的成绩，一至四组的数字是 1.75、2.58、3.08、3.25。分配复习的成绩优于集中复习，在实验所用的时间范围内，间隔越长，成绩越好。

一般来说，分配复习优于集中复习，但优异的程度，视许多因素而定，如材料的意义性、组织形式、难易、学习阶段等。

在上述实验中，也用意义性高的和意义性低的音节比较了分配复习和集中复习的效果，在第十次诵读时所得的音节数如表 5。

实验结果表明：在两种音节的识记中，分配复习都优于集中复习，但在意义性高的音节识记中两种复习方式的差别不如在意义性低的音节识记中显著。

上述实验中 12 个音节是连续诵读（序列字表）的，在上述关于成对字表的识记中也比较了集中复习和分配复习的效果。第十次诵读时记忆的成对音节数目如表 6。两种复习方式的差异远不如对序列字

第三讲 记 忆 51

表识记中的显著。这表明材料的组织形式也是影响两种复习方式效果差异的因素之一。

表5 材料的意义性对分配复习与集中复习效果的影响

	意义性高的音节		意义性低的音节	
	分配复习	集中复习	分配复习	集中复习
记忆音节数	7.63	6.71	6.83	4.92
差异	0.92			
差异显著水平	$P > 0.1$			

表6 分配复习与集中复习成对字表的结果

分配复习	集中复习
2.92	2.71
差异 0.21	
差异显著水平 $P > 0.1$	

有人在实验中，比较在识记的不同阶段（如前一半次数的诵读和后一半次数的诵读）两种复习分配方式的差异。一般结果表明：在识记的不同阶段，分配复习都优于集中复习，但在识记初期的差异比后期的更为显著。

在识记初期，意义性低的材料比意义性高的材料，序列字表比成对字表，分配复习更优于集中复习。这也就表明：在识记较难的材料时比识记容易的材料，分配复习更优于集中复习。许多应用复杂动作的学习和难易不同的语文材料的识记实验结果，也都证明了这一点。

分配复习具有怎样的时间间隔效果最好，实验研究结果并不完全一致。大致在每次复习需要时间很短的情况下，复习间隔几秒至一分钟，效果就比无间隔的为优。在每次复习用时较长的学习中，复习间隔半小时至几小时以至一天，效果都可能很好。

在一般学习中，复习的间隔时间内还需要安排其他的活动，就不能只考虑一种复习的时间间隔问题了。

分配复习所以一般优于集中复习，从生理机制看来，是在集中复习的神经过程中容易有抑制的积累，而分配复习可使抑制得以消除；同时由于分配复习有较多的时间间隔可使联系得以巩固，而集中复习时这种机会较少。

三、回忆和联想

（一）回忆和思维活动

把以前产生的对事物的反映重现出来就是回忆。

回想过去学过的材料（诗词、数学公式等），唤起以前感知过的事物的表象，执行练习过的动作，由一件事想起另一件事（联想），思维时想起有关的经验资料，等等，都是回忆。

回忆可能是有意的，也可能是无意的。

无意回忆是没有预定的回忆意图或目的，而想起某些旧经验。例如一件往事偶然涌上心头，或见景生情，回忆起过去的有关的经验。

有意回忆是有回忆的任务，自觉进行追忆以往的某些经验。例如为了进行传达而回忆所参加的会议的情况。在有意回忆时，回忆任务推动着回忆的进行。

无意回忆虽然没有预定的目的，但也不是无故发生的，总是由当前的事物或当前事物唤起的表象、思想等引起的。回忆起的经验和当前的事物总有一定的关系，虽然这种关系可能是非常间接的。

回忆可能是直接的，也可能是间接的。

直接回忆是当前事物直接唤起旧经验。例如一看"$8 \times 9 = ?$"这个式题，立刻想起72。又如无意回忆中偶然想起一件往事，不知为什么想到它，也就没有清楚地意识到引起这种回忆的刺激。

间接回忆是通过中介性的联想才达到要回忆的旧经验。例如遇到一个熟人，叫不出他的名字，先回想以前是在什么地方遇见他的，当时的情况如何，他的工作任务如何，最后想起了他的姓名。

回忆，特别是间接回忆，常是一种有步骤进行的、开展的思维活动，一种解决问题的思维活动。常是"搜索枯肠"，先想有关的经验，由有关的经验逐步接近要回忆的经验。常是部分的旧经验先行出现，或出现一种近似的旧经验。

例如回忆一个人的姓名，有时是先想起姓或先想起名，或先想出一个接近的姓或名，而意识到不正确，继续思索，最后得到正确的答案。回忆出需要的答案以后，有时确信其正确性，回忆即告一段落；

有时对其正确性有怀疑,又与有关的经验或者当前的现实进行核对、验证,证实以后,才相信是正确的。

从回忆的一般过程可以看到,回忆绝不是对过去事物的反映的简单再现。它常动员全部的有关经验,好像把有关经验经过"筛选",才能找到所需的经验。

记忆是在有关经验中建立联系,而回忆要依靠许多联系的复现。联系越丰富、越系统化,回忆就越容易,反之就困难。

例如熟识的朋友和许多经验联系着,回忆起他的姓名来,就格外容易;而早年学过的几个统计学公式,因很久不做统计工作,联系很少,回忆起来就比较困难。

(二)回忆和定向

无意回忆虽然是偶然想起某些事物,但也是有选择性的。人过去经历的事物是极为繁多的,为什么这一时刻想起这些事而不是其他的事呢?这是受人的情绪状态、兴趣和正在进行的活动等条件所制约的。

一个人在情绪高涨时无意中哼起的曲调和在抑郁时哼起的曲调往往是不同的;在工作时间和在游览时间偶然想起的事物也常是不同的;一个植物学家和一个画家看到一棵奇特的树木,自然发生的联想也不相同。

人在活动之前常有所准备,进行着的活动都有一定的趋向性。活动的准备状态和活动的趋向性称为定向,它影响着继起的活动,使之朝一定的方向进行。定向对于回忆也有影响，在有意回忆中，这种影响更为显著。

例如在准备会见一个朋友时就会想起过去和他在一起工作时的情况；在计算加法时看到7、8两个数字，虽没有任何计算符号，就想到15，在计算乘法时就想到56；熟练地掌握了外语的人，遇到需要说外语的场合，外语就脱口而出，在需要应用本国语言时自然更能流利地运用本国语言。

认识活动的趋向对于回忆的内容有很大的制约作用。

有人用图片做过实验，每个图片对不同的受试者给予不同的名称。例如这样一个图形，对一组受试者称为新月，对另一组受试者称为C字母。过了一定时间，要受试者把图形画出来。前一组的人把它画得接近新月，后一组的人描成C字母的样子。

也有人用故事做实验，他让许多受试者阅读一个关于印第安人和鬼打仗的故事，过了一定时间，让受试者把故事重写出来。常阅读鬼怪故事的受试者对于鬼的部分增加了许多枝节，不常阅读鬼怪故事的却把关于鬼的部分大为简化了。

有时在活动任务的推动下，同样内容的回忆往往重复出现，显著地表现出定向对回忆的影响。例如回忆某个人的姓名时，一个接近的但不正确的名字常反复出现，直到正确的名字想起为止。

在解决问题时，过去行之有效的解决方案，总会首先被回忆起来，在证明这种方案无效，而没有其他的解决方案出现以前，它还会重复出现。有时定向的影响似乎太大了，回忆不能摆脱它，使思想在旧有的辙道中转不出来，阻碍着新思想的出现。

不仅回忆的内容受定向的影响，回忆出现的时间也受定向的制约。

如前所述，如果识记时确定只记忆一个短时期，时期过后常常就遗忘了；如果识记时有长期保持的任务，那么就能在较长时期后还能回忆。

在日常生活中，我们常常给自己规定一定的记忆任务，如在明天某时间记起什么，到时间往往能自然地想起所应回忆起的事项。这种情况在催眠时表现得最为突出。

在催眠状态中，催眠者告诉受催眠的人，醒后在某时做某件事，受催眠者醒后往往在规定的时间自然地做起规定的事情来，自己还不知道为什么要这样做。

由定向对回忆的影响，也可以看出回忆不仅是过去经验的简单再现，它是与全部有关的心理活动相互联系、相互制约的一种心理活动。

（三）回忆中的干扰

在回忆中，一种内容的重复忆起阻碍了新内容的出现，对新内容来说，就是一种干扰。识记是形成联系，回忆是联系的恢复。一种经验常和多种有关的经验联系着。不同的联系可以互相促进，如凭借中介性联系，回忆起需要的经验。不同的联系也可以互相干扰，使需要回忆的内容不能很快地出现。

例如说出某一县属于哪一省（这事实是受试者所熟知的）比在某

一省内举出一个县名，平均要快得多。这就是因为县名和它所属的省份的联系是单一的，不容易受其他联系的干扰；而省名和它所属的许多县名联系着，由省份举出县名时，多种联系可以互相干扰，因而反应时间就加长了。

一种占优势的联系或情绪状态，由于负诱导，都可引起抑制，妨碍回忆。

例如上述在解决问题时，一种解决方案虽然并不正确，但当时它占优势，反复出现，一时阻碍回忆起其他经验。

又如有的学生在考试时非常希望考好或唯恐考不好，引起情绪紧张，抑制了需要回忆的答案。

又如有人遇到一个熟识的人，忽然叫不出他的名字来，或在写作时要用一个常用的字，忽然忘记了它的写法，这是由于朋友的意外会见或写作的构思抑制了应当回忆起的姓名或字的写法。年岁较大的人比较容易有这样的情况，有时把它作为老年记忆衰退的例证。

其实，记忆并没有怎样衰退，稍过一短时间仍会回想起来。这种干扰的情况是由于老年时神经过程的灵活性较差，兴奋从一个中心转到另一个中心比较迟缓而引起的。

如果回忆时产生干扰，一时不能回忆起需要的事物，最简单的办法是转移注意，暂时停止回忆。过了一定时间，抑制解除，需要的经验往往自然在回忆中出现了。

如果写作时忘记了一个字的写法，不妨暂时留下空白，想起来再补。考试时一时想不出答案，不要紧张，不妨转移注意去研究试题，或者先答其他试题，可能不久就想起答案来了。有时不能回忆起所需要的内容，是由于回忆中有错误，或选择了错误的中介性联想。

例如在回忆第一次法国资产阶级革命和巴黎公社的时间关系和两个事件的年代，误把 18 世纪 80 年代的法国第一次革命当作 18 世纪 90 年代。这样就不容易正确地回忆起它与巴黎公社的时间关系和巴黎公社的年代，这时应当多找参考材料，从各方面验证回忆的结果，以便改正错误，使回忆顺利进行。

把对一项复杂事件的回忆当作解决问题的活动，随时注意检查，验证结果，就可以使回忆的内容减少错误，趋于正确。

（四）联想

回忆常常以联想的形式出现。由当前感知的事物回忆起有关的另一件事物，或由想起的一件事物又想起另一件事物，都是联想。

客观事物是相互联系的，它们在反映中也是相互联系着，形成神经中的暂时联系。联想是暂时联系的复活，它反映了事物的相互联系。

按照所反映的事物间的关系不同，一般把联想分为不同的种类：

1. 接近联想。在空间或时间上接近的事物，在经验中容易形成联系，因而容易由一事物想到另一事物。例如提到天安门就容易想到人民英雄纪念碑，因为二者在空间上接近。"桃花流水鳜鱼肥"则是在时间上接近。空间上的接近和时间上的接近也是相联系的，空间上接近的事物，感知时间也必定相接近；感知时间相接近的，空间距离也常接近。

2. 相似联想。一件事物的感知或回忆引起对和它在性质上接近或相似的事物的回忆，称为相似联想。例如由春天想到繁荣，由劳动模范想到战斗英雄。相似联想反映事物间的相似性和共性。一般的比喻都是借助相似联想，如以风暴比拟革命形势，以苍松翠柏形容坚强的意志。作诗时用韵律，由一个字想到同音同韵的字，也是一种相似联想。相似联想是暂时联系的泛化或概括化的表现。泛化是对相似事物还未完成分辨清楚时所做的相同的反应，概括化则是对不同事物的共同性质所做的反应。

3. 对比联想。由某一事物的感知或回忆引起和它具有相反特点的事物的回忆，称为对比联想。例如由黑暗想到光明，由冬天想到夏天等。对比联想既反映事物的共性，又反映事物的相对立的个性。有共性才能有对立的个性。例如黑暗和光明都是"亮度"（共性），不过前者亮度小，后者亮度大；夏天和冬天都是季节，不过一个炎热，一个寒冷。我国律诗中讲究对仗，对联的应用也非常广泛。我国心理学家的研究表明，我国儿童的对比联想比较丰富。对比联想使人容易看到事物的对立面，对于认识和分析事物有重要的作用。

4. 关系联想。由于事物的他种联系而形成的联想，可通称为关系联想。例如部分与整体或种属关系的联想，如由文具想到钢笔，或由钢笔想到文具；因果关系联想，如由寒冷想到冰雪，或由冰雪想到寒冷，等等。事物间的联系是多种多样的，反映事物种种联系的关系联想也是多种多样的。

一件事物总是和许多事物联系着，因而可能引起的联想是很多的，对一件事物的感知或回忆究竟首先引起什么联想，是受两方面的因素决定的：一方面是联系的强度；一方面是人的定向、兴趣等。

联系的强度又决定于：

1. 刺激的强度。例如提到节日夜晚，可能想起焰火，因为那种美丽的景象是一种强烈的刺激。

2. 联系的次数。事物间的联系是经常重复的，常易彼此引起联想。例如我们常把农业建设中的机械化和水利化相并提，因而提到机械化时可能就想到水利化。

3. 联系形成的时间。新近形成的联系，常占优势。对一件事物的感知或回忆常可引起和它新近形成联系的事物的联想。例如提到小说，常会想起最近读过的一本小说。最初或最早形成的联系，也有时占优势。

活动任务对于联想有很大的影响。例如潜藏等待的猎人，风吹草动都可以引起关于猎物的联想，这是由于定向的作用。

兴趣、情绪状态等，也可以使一类事物的联想较其他事物的联想处于优势。例如提起森林，植物学家可能引起关于林中各类植物的联想，动物学家则可能想到林中可能有的各种动物。

对于同一个问题，一个人在处于积极情绪状态时常易想到它的积极方面，在处于低沉情绪状态时常易想到它的困难、不利的方面。

联想在心理活动中占有重要地位，在思维中经常通过联想，想到有关的资料、原则，提供解决问题的可能。

利用联想可以探索人的心理状态，所以在心理学中，特别在儿童心理学和病理心理学中，广泛地采用自由联想（对于作为刺激的事物说出首先想到的事物）和控制联想（按一定的规则，如同义、相反、部分和整体等，进行联想）作为研究的方法。

回忆常以联想的形式出现，所以在识记时形成联想，也就可以帮助回忆。

例如当一个新同志被介绍给我们的时候，如果把他的姓名和面容、举止特点、工作任务等联系起来，以后看到他或提起有关的工作任务等，就比较容易想起那位同志的姓名来。尽量多形成联想和利用联想，是促进记忆效果的一种有效的方法。

四、认知

（一）认知过程

对曾经感知过的事物再度感知的时候，觉得熟悉，知道它是从前感知过的，称为认知或再认。在这里，认知是和知觉同时发生的。

对曾经有过的想法再度想起的时候，知道它是从前想过的，也是认知。在这里，认知是和思维同时发生的。

对某种事物产生的情绪，再度发生的时候，知道它是从前体验过的，也是认知。在这里，认知是和情绪同时发生的。

因此认知总是和其他心理活动同时进行的。

对不同的事物，认知产生的速度和确定的程度可能是很不同的。

对于熟悉的事物，立刻就可以认出来，并且确信它是经常遇到的某种确定的事物。

对于不熟悉的事物，认知就不那么简单了。不能立刻认出它来，在获得一些线索之后，知道它可能是从前遇到过的事物，但是还不能确定。这时就要反复思索，尽力回忆以前遇到的有关事物的形象和当时当地的情景，并且和目前的事物及情景对照，分析两者的异同，考虑是否为同一事物，等等。

例如遇到一个人，好像见过，又好像没有见过，这时就要回忆以前见过的有关的人，他的相貌、年龄和其他特点，当时遇到的情景等，把他和当前的人对照，分析、推断是不是同一个人，最后得出结论。

从这里可以看出，认知有时是一种很复杂的心理活动过程，它可能包括回忆和比较、推论等思维活动过程。

对事物认知的速度和确定的程度，主要决定于记忆巩固的程度和当前事物及其环境条件与以前感知过的有关事物及其环境条件相同的程度。

对熟悉事物的认知很快，也确信无疑，是由于对它已形成巩固的联系。事物总是发展变化的，如果事物本身发生了很大的变化，就难以再认。即使事物本身没有太大的变化，而在不同的时间、地点出现，它和环境条件的关系发生了变化，也可能使认知发生困难。

例如对一个曾见一面又许久不见的人，如果在相同的环境中相遇，比较容易认知；如果环境条件和第一次见面时大不相同，就难以认出来。

认知事物总是依靠各种线索的。线索是事物的部分、特点等。

在经验中事物的各部分、特点之间或事物特点与环境条件之间形成联系,一部分的出现可以唤起对其他部分的记忆,前者就可称为线索。例如认知一个人,叫出他的姓名来,是依靠记忆中他的姓名和他的面貌、举止、声调乃至职务等形成的联系,那么面貌、举止等就是认知一个人的线索。

这些线索如果有了变化,或是寻找不到,认知就发生困难。例如若看不清一个人的面貌、举止,听不到他的声调等,就难以认知他。

对越是熟悉的事物,认知时所需要的线索就越少或越简化。例如对于不熟识的人,必须看清面貌,了解其他情况,才能确认;对于很熟悉的人,只要一听说话的声调,或远远看见走路的姿势,就可以辨认出来。

对于认知的线索,有时明确地意识到,有时意识不到。例如遇到熟识的人,立刻认得出,至于如何认知的,往往是没有想到的。

在认知发生困难的时候,就要努力去寻找线索,恢复过去形成的联系。例如遇到一个人,似曾相识,但认不出他是谁,那么注意他的面貌、举止、声调特点、工作任务以及在当前场合出席的理由,回忆过去可能和他相遇的场合,等等,就可能使过去形成的联系恢复起来,从而认知这个人。

(二)认知中的错误

认知有完全的和不完全的。

完全的认知是对当前的事物有全面的认知,知道它是什么,以前在什么情况经验过。不完全的认知是对当前的事物仅有"熟悉之感",

只知道是从前经验过的,却不清楚它是什么;或者只知道当前的事物是什么,却不记得是否从前经验过。

完全的认知是既了解当前事物又确切知道以前经验过,如果只知道一方面就是不完全的认知,一方面也不知道,就是完全没有认知了。

前面说过,认知要靠对象及其环境条件和过去经验形成的联系,也要靠线索引起与恢复这些联系。如果找不到线索,有关的联系不能恢复,不可能认知对象。如果线索错了,认知也要发生错误。

例如对一个从前的熟人见面时不认识了,是由于他的面貌、姓名等在经验中的联系消失或被抑制了。把一个初次见面的人当作老朋友,是由于他的某些特点和旧友的相似,把它和旧友的姓名等联系起来了。

认知的错误表现在两方面:一方面是由于联系的消失或受抑制而不能认知,另一方面是由于联系的泛化而认错对象。

不能认知在生活中是经常发生的,许多曾经见过的人再见面时不认识了,许多学习过的字再看到时不认识了,这是由于当时的联系不够巩固又缺乏复习所致。严重的不能认知是在病理情况下发生的。

例如因脑震荡受伤的人或某些精神病如麻痹性痴呆患者,对某一时间阶段以前发生的一切事物或某一类事物完全不能认知,这称为不识症。

认错对象也是生活中经常发生的,如认错字、认错人等。有时对明确知道以前没有经验过的事物,也有一种"熟悉之感",好像从前经验过似的。

对人对物都可能发生这种情况。例如有时到了一个新地方,明知从前没有来过，但看来有些熟悉，好像从前来过似的，这种现象叫作"似曾相识"。

如果仅有一种熟悉之感，并不由此肯定确实从前经历过，还是正常的现象。如果从前没有经历过，由于感到熟悉，也就确认以前经历过了，产生了认识上的混乱，那就是病态的似曾相识症了。有些精神病，有时就有这种现象。

（三）记忆的其他指标

除了回忆和认知以外，记忆还可以其他形式表现出来，重新学习的情况就是其中之一。

例如从前学习过一篇文章，曾达到成诵。由于未曾复习，现在只能回忆其中少数字句甚至完全不能回忆了。是否还记得一些呢，或记得多少呢？把文章拿来重新学习，达到能背诵为止。如果原来学习时读了20遍才能背诵，重学时只读12遍就能背诵了，重学时比第一次学习时少用了8遍，也就是节省40%的诵读次数，这40%就可以看作记忆的效果，或者可以说在重学前还保持着40%的记忆。为了便于作数量上的计算和比较，在记忆的研究中常以重学时节省的诵读次数或时间作为记忆的指标。

以前的学习经验对于以后学习有关的东西常有积极的或消极的影响。

例如学过一种外文之后，对学习同一语系的另一种外文常有很大的帮助；由于两种文字有许多相似而不相同的语法与词汇，有时也产生一些混淆。这是学习中的迁移与干扰或正负迁移。迁移无论正负，都是以前学习经验的记忆效果的表现。

有些经验,虽然完全不能回忆了,但是对以后有关的活动还发生影响,这也是记忆效果的表现。人的兴趣爱好,以至习惯性的恐惧,常有这种情况。

例如有人害怕黑暗,有人害怕小动物,究竟为什么怕,说不出来,这就是由于最初产生恐惧情绪的经验,现在不能回忆了,可是它的影响还存在。

有人喜欢集邮,有人喜欢钓鱼,这种兴趣最初是如何引起的,也往往不能回忆,可是那最初的经验的影响还保留着(自然也为以后的活动经常强化)。这些也是记忆效果的一种表现。

记忆是联系的形成与保持,即使关于一件简单事物的记忆,也包含着多种的联系。

例如对一个汉字的记忆就包含着它的音、形、义三者间的联系,在这三方面又各有与其接近的和有关的其他汉字间的联系,特别是在字义方面又有许多有关语法和意义的联系。这些多种多样的联系,组成记忆中的经验的不同方面,它们的巩固程度不可能完全一样。

记忆的不同表现形式可能代表着记忆中经验的不同方面。对一个汉字,回忆它比认知它就需要更多的意义方面的联系。任何方面联系的保持都可以使重学时节省时间或诵读次数。

用不同的指标检验记忆,可能得到不同的结果。例如在学习一篇文章之后,用回忆、认知和重学检查记忆效果,结果常常很不一致,这就可能是由于不同指标代表着记忆中经验的不同方面,不同方面联系的巩固程度不等所致。

五、保持和遗忘

（一）记忆保持的生理基础

记忆如何可能呢？一般认为，在感知、思维、情绪、动作等活动发生的时候，在神经组织的有关部位建立起暂时联系，联系形成后在神经组织中留下一定的影响或"痕迹"，这种痕迹的保持就是记忆。由于痕迹发生作用，联系得以恢复，就使旧经验以回忆、认知等形式表现出来。

痕迹只是一种比喻的说法，不能把它理解得太形象化，像轨迹、踪迹那样。只能把它理解为原来的心理活动对机体本身的影响的遗留。对于痕迹，我们所了解的只是它的作用。

对于它的性质，生理的、生物化学的变化和为什么能保存，以及它的应置，它存在于什么部位、什么组织中，还不完全了解。目前关于它的理论，大都还是一些假设，有待进一步的证实。

痕迹是一种什么性质的变化？一般认为是暂时神经联系接通的难易的改变。学习使联系的接通由难变易，这种改变的保持就是记忆；联系的接通由易变难就是遗忘。何以发生接通难易程度的改变？又有几种不同的假说。

一种假说认为改变发生在神经细胞的突触上，由于突触梢球的生长，使得细胞间突触的接触更为紧密；或由于突触内的生理的、生物化学的变化，使得相邻的突触更容易互相影响。

另一种假说认为变化主要发生在细胞体内，细胞体内的生理的、生物化学的变化，改变了细胞的机能状态，使得细胞间的互相影响更加容易。

至于细胞体内的变化是什么？有人认为是核糖核酸的变化，它们的迅速形成和数量的改变。至于核糖核酸的变化如何形成持久性的痕迹，影响神经冲动的模式以至记忆的内容，还都是没有解决的问题。

从神经组织的活动来看，一种经验（感知、思维、动作等）发生的时候，总有部分的神经细胞在活动，在客观刺激作用或动作停止后，神经细胞的活动状态还继续一个短暂时期，这从电生理学的研究中可以找到很多的证据。

瞬时记忆可能就是由于神经细胞活动状态的继续。至于神经细胞何以能在刺激作用停止后继续活动，极短时间的继续活动可能是由于惰性关系，稍长时间的继续活动可能是由于细胞间反响回路的联系，即部分细胞间彼此循环的影响。

较长时间的记忆，可能涉及的神经组织更为复杂，范围更为扩大。许多实验研究证明，长时记忆和短时记忆可能涉及范围不完全相同的神经组织。

例如有人用墨鱼做过实验，使墨鱼学习不攻击带白色标志的小蟹，攻击时予以电击。正常的墨鱼很快就可以学会。把墨鱼的脑神经节的腹部去掉，如两小时试验一次，它永远不能学会；但如改为五分钟试验一次，它又很快可以学会。这表明去掉脑神经节的腹部，影响较长时的记忆而不影响短时的记忆。

有些脑病伤的人特别是某些部位（如颞叶中海马区）受伤的人，短时的记忆常受影响，而利用旧经验解决问题或执行熟练技能操作，并不受影响。

许多病理观察材料证明，人的颞叶和长期记忆也有密切的关系。用电刺激颞叶往往能引起早年经验的回忆，这称为"诱发回忆"。

脑电波的研究也表明长期记忆与颞叶的活动有关。一种可能的情况是瞬时和短时记忆涉及的神经组织范围较狭，而长期记忆涉及的神经组织范围较大。由于涉及了较大范围的神经组织，联系的范围也就随之扩大，经验在记忆中的各种变化也就容易发生了。

（二）记忆内容的变化

记忆是经验的保持，但是这种保持不能理解为像在保险柜或冷藏库中那样的保存，经验在记忆中还是发展变化的。

几个人同读一份材料，如《水浒传》上的三打祝家庄，要求每人尽量记得全面、准确。过了一定时期，要大家复述。各人的复述都不会完全相同，大同之中会有许多差异。这些差异既有量的差异，也有质的差异。

在讨论回忆与定向时已经谈到，回忆受任务、认识活动趋向等的影响，致使回忆出来的和识记的材料会有一定差异。

许多人曾用识记后根据回忆画出原图的方法研究图形的记忆，结果表明根据回忆画出的图形和原来识记的总有一些差异。图形越复杂，间隔时间越久，重复次数越多，变化越大。图1是几个例子。

我国心理学者曾用认知法研究图形记忆。受试者识记图形后，过了一定时间，也会把近似图形当作原来识记的图形。这也表明记忆中的图形发生了一定的变化。图1是几个样本。

原来识记的图形　　　　根据回忆画出的图形

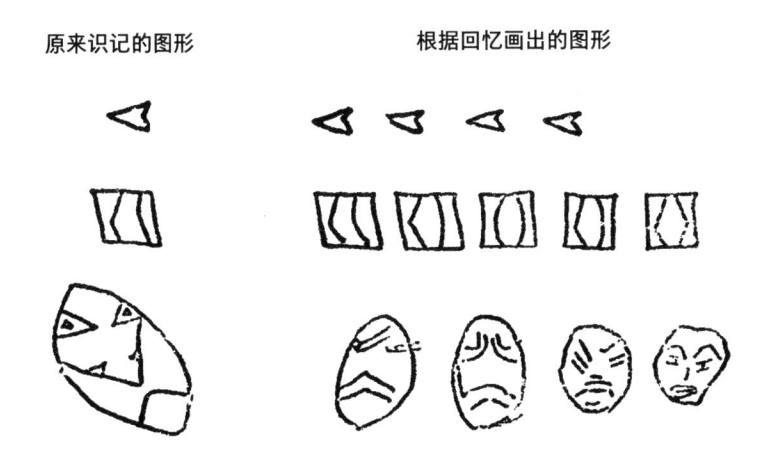

图1　回忆画出图形的变化

根据回忆画出的图形，和识记的图形比较，表现出来的变化，大致可以分为下列各类：

1. 简略、概括。原来图形中的有些细节，特别是不甚重要的细节趋于消失，重画的图形和识记的图形比较，一般更为简略、概括。

2. 完整、合理。重画的图形，常较识记的图形更为完整、均衡，更为合理，更有意义。

3. 详细、具体。和简略、概括的趋向相反，在有的重画的图形中增添了识记图形中所没有的细节，使图形更为详细，更接近具体事物。

4. 夸张、突出。和完整、合理的趋向相反，在重画的图形中，可能把原来识记的图形的某些特点突出、夸大，使它更具有特色。

对语文材料特别是情节复杂的描述文字的记忆，隔一定时间以后，根据回忆复述，往往表现同样的趋向。产生这些变化的原因，可能是记忆中的映象受了新旧经验的影响，又形成了新联系，使记忆中的经验的某部分占了优势，得以突出起来；也可能是由于在记忆中发生了泛化，记忆的内容就更加概括、简略了。

经验在记忆中发生的量的变化，最显著的是遗忘，即记忆的内容随着时间间隔的延长而越来越少。但短时间内在一定条件下，也有例外的情况，即所谓记忆恢复现象。

有人在实验中要儿童受试者识记诗歌、故事，学习终了时检查记忆情况，过了一天或两天再检查一次，结果发现许多儿童过了一两天后记忆诗歌和故事的内容比识记后还要多。

许多人重复做了这类的实验，得到同样的结果。证明儿童过了一两天的记忆成绩有时比学习后立刻的记忆成绩好。这是记忆的恢复或增长，它不是由于在间隔时间内复习或学习其他材料所致（这些在实验中加以控制了）。

记忆恢复的现象，儿童比成人较为普遍。学习较难的材料比学习容易的材料，学习程度较低比学习纯熟更易看到。

一般认为，识记恢复现象所以发生是由于在识记时有积累的抑制，影响识记后的记忆成绩，过了一定时间，抑制解除，记忆成绩可能增高。也可能由于记忆在识记之后需要有一段巩固发展的过程，以致在识记后某一时间间隔内记忆成绩最好。

（三）遗忘和遗忘曲线

对于识记过的事物，不能回忆，称为遗忘；不能回忆的有时还可能认知，既不能回忆又不能认知，一般称为完全遗忘，虽然以前学习的影响还可能表现在重学或其他方面。

艾宾浩斯首先对遗忘现象做了系统的研究。他把实验室实验方法引进学习、记忆和遗忘的研究。他详尽地研究了学习、记忆和学习材料的性质、组织、数量等条件的关系，以及学习巩固程度、学习后时间间隔对记忆和遗忘的影响等问题。

为了使学习和记忆尽量少受旧有的和日常工作经验的影响，他应用了无意义音节作为学习、记忆的材料。他以自己做受试者，把识记材料学到恰能成诵，过了一定时间间隔，再行重学，以重学时节约的诵读时间或次数作为记忆的指标。他一般以10—36个音节作为一个字表，在七八年间先后学了几千个字表。

他的研究成果《记忆》发表于1885年。表7所载是他的实验结果的一例。利用表内材料可以划成一条曲线，一般称为遗忘曲线（图2）。

这个曲线的形式表明了遗忘发展的一条规律：在识记后短时期内遗忘较多，在过了较长时间间隔后，记忆保持的分量较少了，遗忘的发展也较慢了。这和前面谈到复习的作用时所述尤斯特的规律是一致的，即新近形成的联系比历时较久的联系容易遗忘。

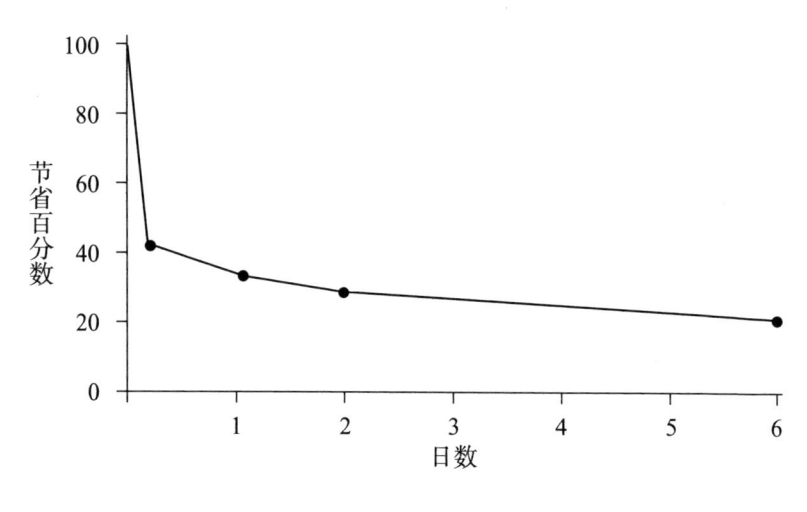

图 2　艾宾浩斯遗忘曲线

表 7　不同时间间隔后的记忆成绩（艾宾浩斯）

时间间隔	重学节省诵读时间百分数
20 分钟	58.2
1 小时	44.2
8 小时	35.8
1 日	33.7
2 日	27.8
6 日	25.4
31 日	21.1

艾宾浩斯的研究对记忆心理学的影响很大。在他以后，许多人做了类似的实验，也都大体上证实了艾宾浩斯的结果。以后的研究证明，识记后遗忘的发展（即遗忘曲线的形式和一定时间间隔后遗忘的数量），是受许多因素制约的。

首先，识记材料的性质，对于保持的情况或遗忘的进展有很大的影响。

一般说来，熟练的动作，遗忘得最慢；记熟了的形象材料，也比较容易长久记忆；有意义的语文材料，特别是诗歌，比无意义的材料，遗忘要慢得多。如果学习的程度相等（例如动作刚刚会正确地做一次，语文材料恰能成诵），各种材料的遗忘曲线大致如图3所示。

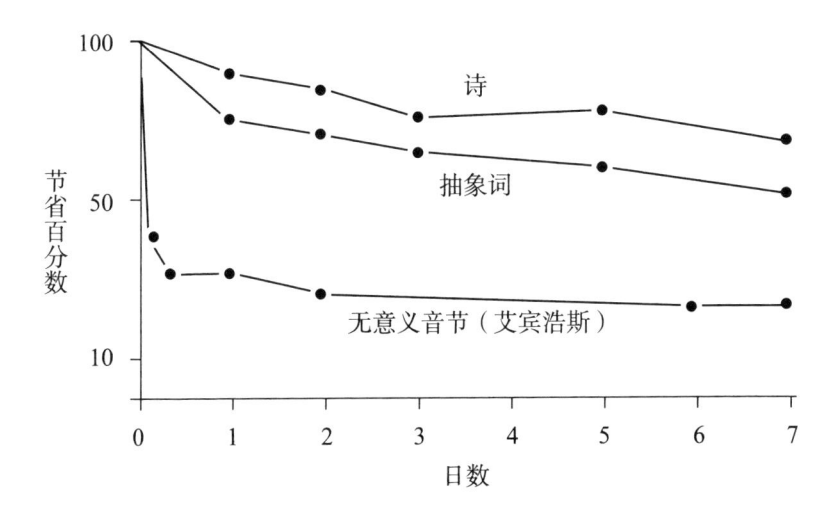

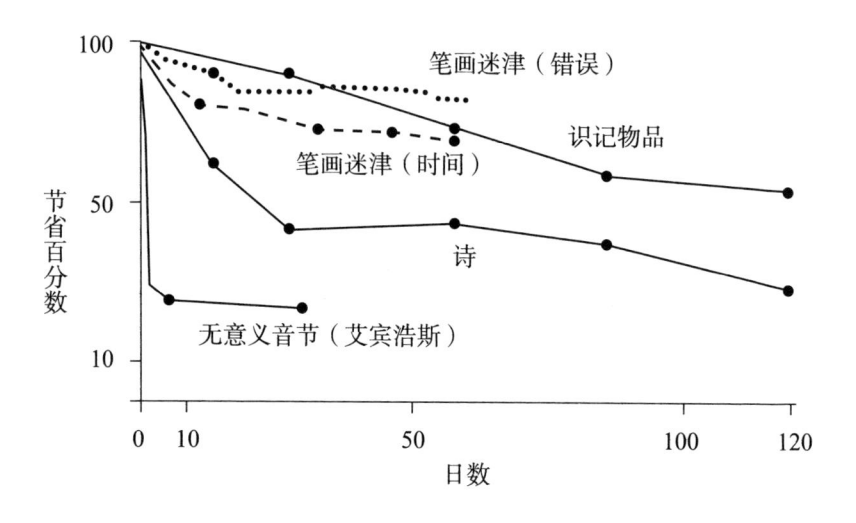

图3 不同材料的遗忘曲线

材料的数量越大，一般刚识记后遗忘也较多。所以大量的有意义的语文材料的遗忘曲线也跟无意义材料的接近。而无意义的材料，如果学习的程度相同，在一定范围内数量较大的记忆情况可能较好，如艾宾浩斯就有下列实验结果（表8）。

表8 材料数量对记忆的影响

无意义音节数	成诵所需诵读次数	24小时后重学节省百分数
12	16.5	33.3
24	44	48.9
36	55	58.2

数量大的材料，记忆成绩较好，可能是由于达到同一学习巩固程度（如刚能成诵），在数量大的材料中，有相对地较大的部分实际有了过度的学习，即超过了恰能成诵的程度。

学习程度也是影响遗忘的一种因素。在我国心理学者的一个实验中，受试者对不同的无意义音节字表经过不同程度的学习，以恰能成诵所需的诵读次数为100%，结果（表9）表明学习的程度越高，在4小时后回忆出的百分数也越大。有人用单字和笔画迷津实验也得到类似的结果。学习程度为150%时，记忆效果最好；超过150%时，效果并不随之再有显著的增长。

表9 学习程度对记忆的影响

学习程度百分数	4小时后回忆出的百分数
150	81.9
100	64.8
66	65.8
33	42.7

学习方法对于遗忘的进程也有影响。许多实验结果表明：用分配复习的方法识记诗文、无意义音乐、乐谱等，比用集中复习的方法识记这些材料，遗忘较慢。

这也可以由尤斯特所总结的规律中找到说明：分配复习比集中复习占用较长的时间间隔，因之在分配复习中形成的联系一般可能比集

第三讲 记忆 77

中复习中所形成的历时较久，也就可能经过同样时间后损失较少了。

识记时的情况也影响遗忘的进程。有人在实验中让受试者学习四个无意义音节表，然后分析每个字表的遗忘情况。结果第一个字表（即首先学习的）遗忘最少，第二个次之，第三个又次之，第四个遗忘最多。第一个字表的遗忘曲线接近动作或有意义的语文材料的曲线，第四个字表的遗忘曲线是典型的艾宾浩斯式的曲线。

研究者认为艾宾浩斯和其他研究者所以得到艾宾浩斯式的遗忘曲线，主要由于受试者识记的材料太多，产生了相当严重的干扰所致。

前文说过，用不同的指标检查记忆，可能得到不同的结果，也可能得到不同的遗忘曲线。在我国心理学者进行的一个实验中，用回忆、预期回忆、重学、重组材料、再认等五种方法测量受试者识记无意义音节后的记忆成绩，所得结果如图4所示。

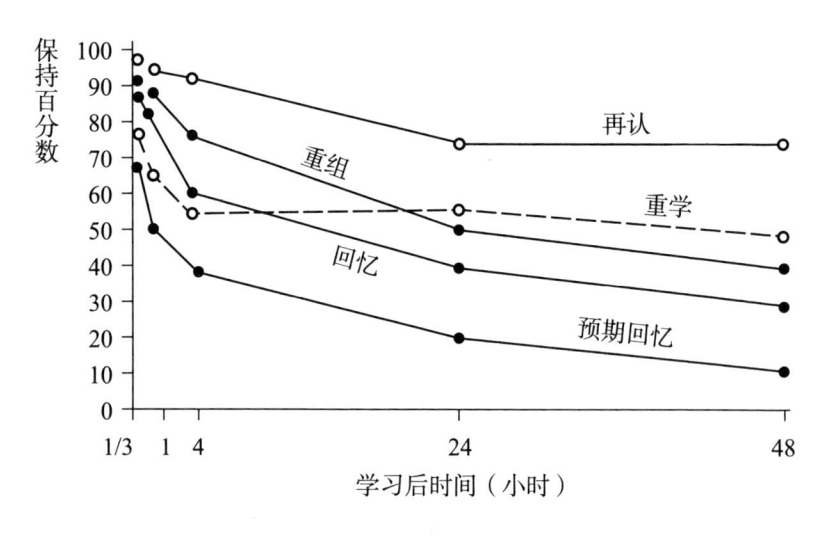

图4 应用不同测量记忆方法得出的遗忘曲线

其他的研究也大都得到相似的结果。一般说来，以再认为标准遗忘最少，以回忆为标准遗忘最多，以重学为标准则遗忘常居二者之间。这可能是由于在再认时原来的学习材料重新出现，有利于记忆的恢复，所以遗忘较少；在识记时建立的联系，过了一定时间后变弱了，难以复现，因而不能回忆；但若进行重学，则可较快地恢复到原来的强度，因之以重学为标准，遗忘也少于以回忆为标准的数量。

上述都是对于遗忘的量的研究。对于遗忘也可以做质的分析，考察被遗忘的是识记材料中的哪些部分，哪些成分。在识记一篇有意义的语文材料之后，过了一定时间间隔进行检查，一般常可看到，遗忘最多的是原文词句，事实内容遗忘较少，主要思想则遗忘最少。如果用遗忘曲线表示，则略如图5。

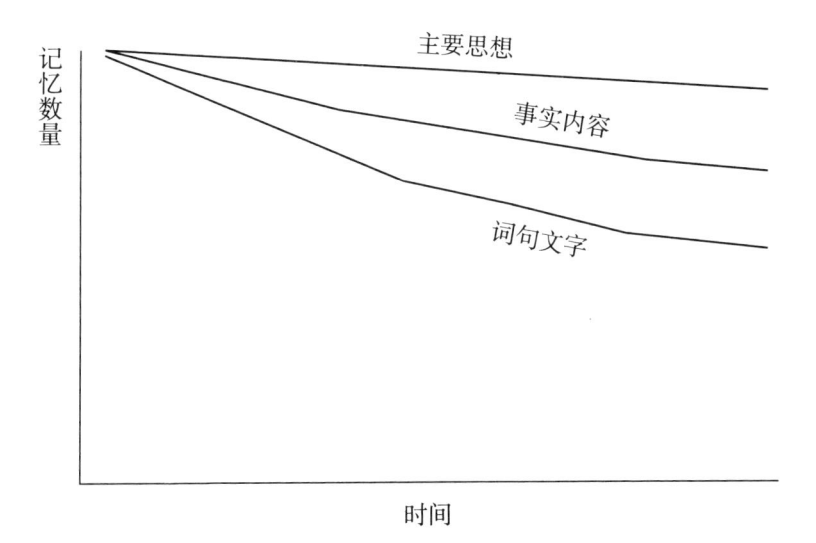

图5 不同材料内容的遗忘曲线

对图形的记忆，如前所述，也有类似情况。最容易遗忘的，除特殊部分外，是图形的细节；不易遗忘的是图形的轮廓；特别是它的内容意义，它所描绘的事物，最不易遗忘。

前文介绍过关于故事的记忆研究，受试者所遗忘的首先是故事中不合逻辑、不合受试者经验体系的情节，而故事的主题最不容易遗忘。由于遗忘了一些情节，受试者往往补充另一些情节，使回忆起来的故事在受试者看来更完整、更合理。

有人认为在遗忘过程中，受试者也有一种"追求意义的努力"。我们认为记忆是一种发展变化的过程，遗忘也包括变化，不能把遗忘只看作是削弱或减少。

（四）消退和抑制

就记忆是否再有恢复的可能，可以把遗忘分为两类：一类是永久的遗忘，即不经重新学习，记忆绝不能再行恢复；一类是临时的遗忘，即一时不能回忆或认知，但有了适宜条件，记忆还可能恢复。

这两类遗忘产生的原因是不同的，导致永久遗忘的是记忆痕迹的消退或消失，促使临时遗忘的是有关神经活动的抑制。

记忆痕迹也和其他事物一样，是有发展变化的。变化有两方面，一是生长，一是消退。

由于生长，痕迹变得更为完整、巩固。识记过程，就是痕迹生长的过程。在识记以后一个短时期内，痕迹还有生长的可能。前述记忆的恢复或增长可资证明。

由于消退，痕迹逐渐变弱，产生遗忘，使回忆或再认不确切、不完全。有的痕迹最后也可能完全消失，形成彻底的遗忘。在痕迹消退的过程中，经常发生泛化的现象，即原来刺激的影响或痕迹在神经组织中的范围扩大了，而强度减低了。

例如刺激皮肤上一点，立刻让受试者指出受刺激点，他可以指得相当准确，随着时间间隔的延长，受试者指出的受刺激点和实际的受刺激点的距离越来越大，表明原来刺激的影响范围扩大了，强度减低了，记忆也不确切了（我国心理学者的触觉定位的实验）。

前述图形记忆的实验结果也表明，随着时间间隔的延长，受试者把越来越多的相似的图形，当作原来识记的图形，这可能也是由于泛化的作用。

泛化可能破坏在识记过程中建立的分化，使记忆变得不确切。泛化的最后结果，可能是把痕迹"淹没"，使对识记的事物的反映，融消在全部的经验中。

日常经验证明，过去学习的事物，有的在回忆时不能记起来，甚至再遇到时也不能认知。但过了一定时间，记忆又好像自动恢复了，回忆或认知又变为可能了。这类遗忘现象往往是由于其他活动的干扰，神经过程产生的负诱导作用所引起的。

任何能消除或减少干扰的条件，都有利于记忆。最有力的证据之一是睡眠对于记忆的影响。有人让受试者识记无意义音节，在一种情况下，识记后从事日常工作，在另一种情况下，识记后即行入睡，都

第三讲 记 忆

在一定时间后检验记忆效果,结果如图6。

许多人认为遗忘的产生只是一种原因造成的,痕迹的消退或者神经过程中的抑制作用。主张前者的人认为痕迹到了一定的发展阶段就只有逐步弱化以至消失,因而产生遗忘;主张后者的人认为联系一经建立,就永远保持再接通的可能,痕迹本身不会发生变化。这两种主张可能都有一定的正确性和片面性。

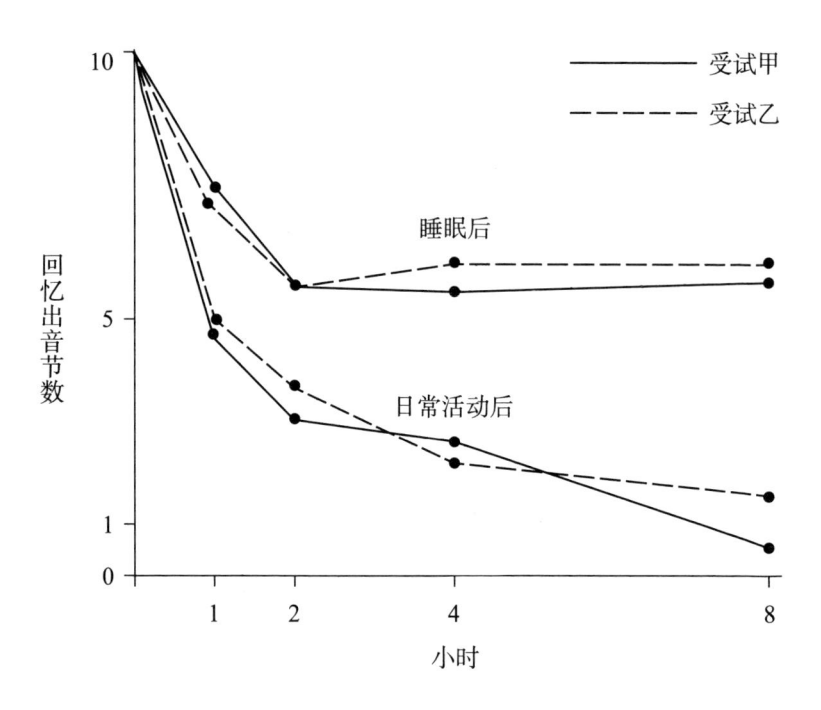

图6 睡眠对记忆的影响

一切事物本身都有发展变化，否定痕迹本身的发展变化未必是正确的观点。一切事物是相互联系、相互制约的，一种事物的发展变化也以周围事物对它的影响为转移。经验之间的干扰、联系对遗忘的产生自然也有极为重要的影响。

对一件事物的记忆显然具有不同的发展阶段。在感知事物后极短时间内（以秒、分计）的记忆是瞬时记忆；经过识记过程，在一定时间内（以小时、日计）的记忆，可称为短时记忆；在较长时间（以日、月、年计）内的记忆是长时记忆。

在瞬时记忆范围内，痕迹有巩固发展过程，也易受干扰；在短时记忆期间，巩固、泛化、干扰都可能起作用；在长期记忆中，泛化、消退是主要的变化，干扰也可能起一定的作用，特别是对回忆和再认，干扰可能发生显著的影响。

（五）前摄抑制和倒摄抑制

对于记忆痕迹的生长与消退，目前还无法直接进行研究。对于痕迹的变化，只能就它的表现，即回忆或认知的成绩，进行研究。而在回忆或认知的成绩中，由于痕迹弱化就易受干扰，记忆痕迹的变化和其他经验的抑制、干扰作用是不易分开的。对于抑制或干扰作用，可以通过控制改变识记、回忆或认知的条件，进行研究。

性质上和时间上相互接近的经验，可以相互促进，也可以相互干扰。先学习的材料有助于识记后学习的材料，是积极的迁移作用；后学习的材料有助于回忆先学习的材料，是后学习的材料对先学习的材料起了复习作用。

分析先后学习的经验的相互抑制现象，有助于了解记忆保持的机制。先学习的材料对识记和回忆后学习的材料的干扰作用称为前摄抑制，后学习的材料对保持或回忆先学习的材料的干扰作用称为倒摄抑制。

前述关于识记无意义音节字表，第一个字表遗忘最少、最后的字表遗忘最多的实验结果表明：在无意义材料的记忆中，前摄抑制是造成大量遗忘的重要原因之一。这可能是由于先学习了较多的无意义材料之后，对于新学习的内容，难于保持分化，易于发生泛化，因而产生遗忘。有意义的材料，由于联系较多，较易建立与保持分化，受前摄抑制的影响就可能较轻。

倒摄抑制受前后两种学习材料的性质、难度、学习时间安排、学习巩固程度等种种条件的制约。

我国心理学工作者所做的一个实验，把受试者分为四组，各组都识记一个包括十个无意义音节的字表，第二天进行回忆并重学。在回忆前，第一组不学习新字表，第二组学习完全不同的无意义音节字表，第三组学习与第一天学习的音节有一个字母相同的无意义音节字表，第四组学习与第一天学习的音节有两个字母相同的无意义音节字表。

按回忆和重学的成绩来看，都是第一组成绩最好，第二组次之，第三、四组较差。按回忆的成绩，第四组高于第三组；按重学的成绩，第三组高于第四组。

这个实验的结果表明：插入同类材料的识记，产生倒摄抑制；识记相似的材料比识记差异较大的材料产生的抑制为大；相似程度高的材料比相似程度稍低的材料，在重学时产生较大的抑制，在回忆时抑制反而较小。

根据这个实验和同类研究的结果可以推论：在先后学习的材料完全相同的时候，后学习即是复习，不会产生倒摄抑制。在学习材料由完全相同向完全不同逐步变化的时候，倒摄抑制开始逐渐增加；材料的相似性到了一定程度，抑制作用最大；以后抑制又逐渐减低，到了先后识记的材料完全不同时，抑制效果又最小了。先后识记材料的相似性和倒摄抑制及促进效果的关系可以图7中的曲线表示。

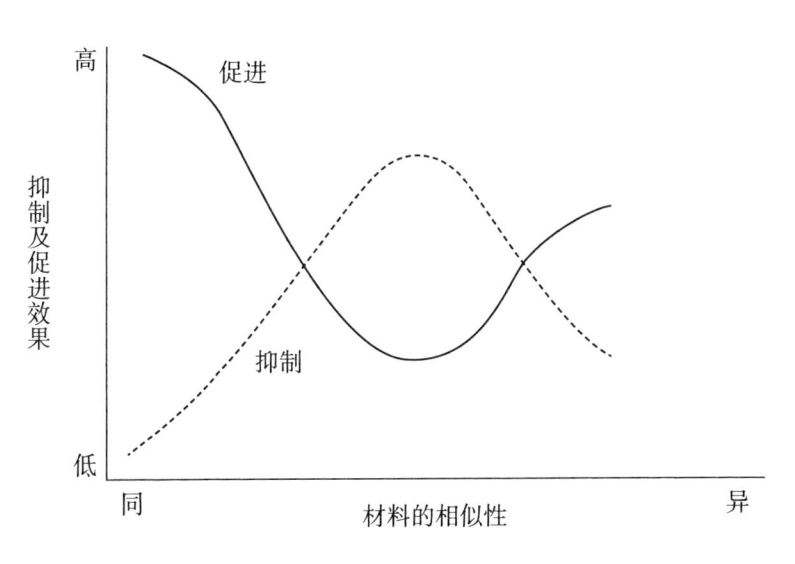

图7 先后识记材料的相似性与抑制及促进效果的关系

倒摄抑制的大小，受中间插入活动的难易程度的影响。有人在实验中让受试者识记俄文形容词，识记后有的受试者休息，有的受试者解答较难的算术式题，有的受试者计算简易的口算乘法。回忆时，从事简易算法的较休息的成绩降低4%，从事较难算法的降低16%。

先后学习的时间安排，对于倒摄抑制的大小，也有重要影响。一般说来，恰在对先识记的材料进行回忆之前，进行第二种学习，对第一种学习材料回忆效果的倒摄抑制最大；在第一种材料识记后立刻进行第二种材料的识记，抑制的效果次之；在对第一种材料的识记与回忆时间间隔的中间，即距对第一种材料的识记和回忆都有一定的时间间隔，进行第二种材料的识记，所产生的倒摄抑制最小。

先后两种学习的巩固程度也影响倒摄抑制的效果。

一般说来，学习的巩固程度越高，越能抵御干扰。所以第一种学习的巩固程度越高，倒摄抑制的效果越小。

一种学习的巩固程度很低，它内部的联系很薄弱，对其他学习难于产生干扰；一种学习的巩固程度很高，内部分化加强了，也不易干扰其他学习。所以在第二种学习巩固程度很低的时候，倒摄抑制较小，随着学习巩固程度的提高，倒摄抑制的效果就逐渐增大，到了学习巩固程度很高时，倒摄抑制的效果又逐步降低了。

前摄抑制和倒摄抑制一般是在两种学习中间产生的，但是在一种学习材料的内部，也发生这两种抑制。

例如学习一个较长的字表或一篇文章，一般总是首尾容易记住，不易遗忘；中间部分识记较难，也容易遗忘。这就是由于开始部分只受倒摄抑制的影响而无前摄抑制，终末部分受前摄抑制的影响而无倒摄抑制，中间部分则受两种抑制的影响。

为了使记忆巩固，在组织学习活动的时候，应当考虑到前摄抑制和倒摄抑制的作用。要使前后邻接的学习活动在内容方面尽量不同，并使中间有一定的休息时间，这样对记忆材料是有益的。

节选自《普通心理学》

潘光旦 （1899—1967） 西南联大社会学系教授、教务长

著名社会学家，曾任清华大学、西南联合大学、中央民族学院教授。在优生学、社会学、民族学、性心理学等领域有突出的贡献，同时广泛参与中国现代社会问题的讨论，也是一位有影响的社会思想家。

第四讲

性与爱的心理学

潘光旦

一、性冲动与恋爱的关系[1]

我们对于"婚姻"可以有许多看法。如果就它的不加粉饰而抽象的基本方式看,并下一个界说的话,婚姻是"合法的同居关系"。在文明状况下,婚姻成为一国风俗或道德习惯(从它的基本要素看,道德其实就是习惯,就是风俗)的一部分,因而成为一种契约关系了。克里斯欣(Christian)认为:"婚姻之所以为一种契约,不止是为了性关系的运用与维持,并且是为了经营一个真正的共同生活。所谓真正,指的是一方面既有经济与精神的条件做基础,而另一方面更有道德的(也就是社会的)责任与义务做堂构。"不过从进入婚姻关系的人的亲切的生活方面看,婚姻也是两个人因志同道合而自由选择的一个结合，其目的是在替恋爱的形形色色的表现，寻一个不受阻挠的用武之地。

"恋爱"是个很普通而悦耳的婉词，说到恋爱，我们大抵把性冲动的任何方式的表现包括在内。不用说，这是不确的。我们必须把"欲"和"爱"分别了看，欲只是生理的性冲动，而爱是性冲动和他种冲动之和。

欲和爱的区别，是不容易用言辞来得到一个圆满的界说的。不过许多专家所已提出过的界说，我们多少可以接受，因为它们多少总可以把这种区别的一部分指出来。约略地说："恋爱是欲和友谊的一个综合，或者，完全从生理的立场看，我们可以跟着沃瑞尔（Vorel）说，恋爱是经由大脑中枢表现而出的性的本能。"又或，我们也可以响应哲学家康德（Kant）的说法，认为性冲动是有周期性的一种东西，所谓恋爱，就是我们借了想象的力量，把它从周期性里解放出来，而成为一种有连续性的东西。

菲斯特（Pfister）在《儿童的恋爱与其变态》(Love in Children and Its Aberrations)一书里，对于恋爱的界说，用很长的一章加以讨论，他最后所得到的界说是这样的："恋爱是一种吸引的情绪与自我屈服的感觉之和，其动机出乎一种需要，而其目的在获取可以满足这需要的一个对象。"这个界说是不能满意的，其他大多数的界说也大都如此。

发展到了极度的恋爱方式会成为一种完全无我而利他的冲动，不过这只是表面的看法，其实它的出发点还是一个有我的冲动，即使利他到一个程度以至于牺牲自我，这其间还是有自我满足的成分存在。[2]有若干专家，特别是弗洛伊德（在他的《导论演讲集》里），对于这有我的出发点曾再三地申说，但同时也承认，到了后来，恋爱便和这出发点脱离（弗氏同时在别的论文里说到"若就初元的情形而论，恋爱是有影恋的性质的"，比此说更进一步）。把显然是性的成分撇开而言，弗氏和其他作家又都认为母亲是儿童的第一个真正的恋爱对象，但长大以后，除了那些有神经病态的人以外，这最早的对象会退隐到背景里去，因为别的恋爱对象很自然会日趋彰显，取而代之的缘故。[3]

总之，性冲动中占优势的成分是"有我的"，或"为我的"，但在发展成恋爱的过程里，同时也变为自觉的无我与利他的了。在自然而正常的情形下，这种利他的成分，即在性发育的最初阶段里，就已经存在。就在动物中，若是一个动物只知有己而不知有对象，但知利己而不识体贴，求爱的努力亦不免归于失败，而交接的行为便无从实现。不过性发育有了进境以后，这利他的成分就成为意识的一部分而可以发展到很高的程度，甚至可以把利己的成分完全克制过去。[4]

恋爱的发展过程可以说是双重的。第一重的发展是由于性本能地向全身放射，经过宛转曲折的神经脉络，甚至特别绕了些远路，为的要使性领域以外的全身都得到这放射的影响，寻常性冲动一经激发，如果可以不受阻碍地得到它的目的，其过程大抵如此，否则又自当别论了。第二重的发展是由于性的冲动和其他性质多少相连的心理因素发生了混合。

性发育成熟以后，恋爱的发展又可以添上一些相连的情绪的成分，就是从亲子关系中所产生出来的种种情绪。女子到此，她的性爱便与因子女而唤起的恋爱与忍耐心理相混；而在男子，性爱中也会添上亲子之爱的成分，就是一种防护的情绪作用。所以，在婚姻制度成立以后，性爱也就成为社会结构的一部分；此种性爱的表现，就其最崇高的例子而论，是可以和创设宗教与创造艺术的各种冲动联系在一起的。在这一层上，女子似乎往往成为男子的先驱。

法国人类学家勒图尔诺（Letourneau）告诉我们，在许多民族里，关于性爱的诗歌的创制，女子往往占领导的地位，有时对性爱的表示，不但处领导的地位，并有骎骎乎独霸的趋势。关于这一点，还有一些可供参证的事实，那就是，因性爱的动机而自杀的例子，在原始民族里，也以女子为独多。

不过我们也应当知道，在许多文明比较单纯的民族里，性欲的发展成为恋爱是很迟缓的，即在文明社会中，对于很大一部分人口，这种演变也是极粗浅的。这从语言上多少可以证明。天下到处都有"性欲"的概念，也到处都有表示这概念的语文；但是"恋爱"的概念便不普遍，而有许多语文里就没有这个词。不过恋爱的出现，倒也不一定完全随着文明的程度为进退。有时你满心指望着可以找到它，结果却是一大失望。有的地方你以为绝不会找到它而结果找到了。即在动物中，性欲也很有几分"理想化"的程度，特别是在鸟类中；鸟类可以为了失偶的缘故，伤感到一个自我毁灭的境界，[5] 可知这其间所牵涉的绝不只是一个单纯的性的本能，而是此种本能与其他生命的要素的一个综合，一个密切联系的综合，其密切的程度，即在文明最盛的人类中，也是可遇而不可求的。在有的未开化的民族中，我们似乎找不到什么基本的恋爱的概念，例如美洲印第安人中的纳化族人（Nahuas），就找不到什么基本的字眼；但在古代秘鲁人的语文中，我们可以发现差不多六百个和 munay 联系的词或词组，munay 就是他们的"恋爱"的动词。

上文引的是人类学家布林顿（Brinton）的观察。布氏同时又提到，在有几种印第安人的语言里，代表恋爱的字眼又可以分成主要的四类：一是表白情绪的呼喊，只有声而无音的；二是表示相同或相似的字眼；三是代表媾和或结合的；四是坚决申明恋爱的心愿、欲望或相思的。布氏又说："这几种字眼所代表的概念和雅利安语言系统中大多数的恋爱的字眼所代表的是很一样的。"不过，有趣的是，雅利安语言系统中的各民族，对于性爱的概念，发展得实在很迟缓，而印第安人中的玛雅（Maya）一族，比起初期雅利安文化的各民族来，要前进得多，在它的语文中我们找到一个很基本的词，专门表示恋爱的愉快，而此种愉快在意义上是纯粹心理的，而不是生理的。

就在希腊人中，性爱的理想也是发展得相当迟的。希腊早年的伊奥尼亚（Lonian）[6]籍的抒情诗人们认为女子只不过是男子享乐的工具和生男育女的人罢了。悲剧家埃斯库罗斯（Aeschylus），在他的剧本里，借一个父亲的口气说，如果他不管他的几个女儿，她们就不免为非作歹，闹出有玷门庭的笑话来。在另一悲剧家索福克勒斯（Sophocles）的作品里，我们也找不到性爱的成分来，而据欧里庇得斯（Euripides）看来，只有女子才会发生恋爱的行为，男子是不屑一为的。总之，在希腊文化里，在没有到达较后的一个时期以前，性爱是受人看不起的，是一个不值得在公众面前提出或表演的一个题目。我们必须从广义的希腊文化的范围，即从大希腊（Magna Graecia）的范围而言，而不从希腊的本部说，我们才可以找到男子对女子真有一番性爱的兴趣。不过性爱的受人推崇，认为是生死以之的一种情绪，则即在此大范围以内，也要到亚历山大的马其顿时代，才成为事实。

近人贝内克（Benecke）认为在阿斯克莱庇阿德斯（Asclepiades）的作品里，这种推崇性爱的精神表现得最为清楚。欧洲人的生活里有浪漫性质的性爱的观念，可以说是滥觞于此。后来凯尔特族（Celts）上场，把特里斯坦（Tristram）的恋爱故事[7]带进欧洲生活，于是此种性爱的观念才算完全成立，而从此成为基督教化的欧洲文学与诗歌的一个中心题材，并且也成为个人行动的一股很大的推挽的力量。不过在当时，这种观念的流行，还只限于上流阶级，至于在一般的民众的眼光里，所谓"恋爱"是和单纯的性交行为一而二，二而一的。[8]

充分发展的恋爱当然不只是单纯的性交行为而已，而是扩充得很广与变化得很复杂的一种情绪，而性欲不过和许多别的成分协调起来的一个成分罢了。斯宾塞（Herbert Spencer）在《心理学原理》（Principles of Psychology）一书里，对此种情绪的分析有一段很有趣的讨论，他认为恋爱是九个不同的因素合并而成的，彼此分明，每个都很重要：一是生理上的性冲动；二是美的感觉；三是亲爱；四是钦佩与尊敬；五是喜欢受人称许的心理；六是自尊；七是所有权的感觉；八是因人我间隔阂的消除而取得的一种扩大的行动的自由；九是各种情绪作用的高涨与兴奋。斯氏在分析之后，作一结论说："我们把我们所能表示的大多数的比较单纯的情绪混合起来而成为一个庞大的集体，这集体就是性爱的情绪。"不过就是这样一个详尽的分析还是不完全的，它遗落了一个很重要的因素，就是我们已经说到过的建筑在亲子之爱的本能上的一部分的情爱；这因素的重要性是很容易看出来的，婚姻生活到了后期，严格的性的因素渐渐退居到背景中去，从此，丈夫对妻子，尤其是妻子对丈夫的情爱，很容易变作慈亲对子女的一种情爱。[9]

前人对恋爱的种种分析，归结起来，总不外克劳莱（Crawley）所说过的几句话，就是："恋爱的界说是极难定的，好比生命的界说一样难定，而其所以难定的理由也许正复相同。恋爱在社会生活里的种种表现，无论就什么方式来说，都是极重要的；恋爱地位的重大，除开贪生怕死的本能而外，就要算第一了。它把所以构成家庭的基本因素汇合在一起，它维持着家庭的联系与团结，它把一个种族或民族的分子统一起来，教分子之间都有一种契合和同胞的感情。"[10]

上文关于恋爱的一番讨论，虽则很短，但也许已够证明恋爱是很复杂的一个现象，它既不是浅见者流所认识的那种浪漫的幻觉，以为可以搁过不论，也不是羽毛未丰的精神分析家所想象的那种厌恶的转变，[11] 而可以无须深究。

易卜生（Ibsen）固然说得很对："今日天壤间没有一个词比恋爱这个小小的词更要充满着虚伪与欺诈。"不过无论此种虚伪与欺诈的成分多少，恋爱绝不是一个凭空虚构的名词，它确乎代表着一种状态、一个现象、一件事物。这名词是受人滥用了；不错，但滥用的方式之多、范围之广、程度之深，正复表示这名词所代表的真正的事物自有其不可限量的价值。

人世间唯有最值钱的东西，例如黄金，例如钻石，才会遭到假冒与滥用的厄运。世间没有大量的黄金，于是便有人用镀制的方法来冒充，用减轻成色的方法来混用，甚至于用仅具皮相的东西来顶替。人在社会里生活，自然也不会只有自我，而无他人，孤零的自我是不可思议的，既有他人，也就不会不发生对他人的种种爱欲；反过来说，我们除非先把自我抛撇开去。要把他人和他人在我身上所激发的爱欲完全束之高阁，也是不可思议的。

因此我们可以知道，恋爱是和生命牵扯在一起的，分不开的，假若恋爱是个幻觉，那生命本身也就是个幻觉，我们若不能否定生命，也便不能否定恋爱。[12]

我们当然不否定恋爱。我们若再进一步加以思考，可知它不但和个人的祸福攸关，并且与民族的休戚也是因缘固结；它的功能不但是自然的、物质的，并且也是社会的以及我们所谓精神的。总之，吉布森（Boyce Gibson）说得好，它似乎是"生命中无所不包与无往而不能改造的一股伟大的力量，也是一切生命的最终极的德操"（同注10）。另有人说过，"恋爱是最峻极的德操"，而"德操就是爱"；再不然，我们也可以追随初期基督教徒之后，接受他们在讨论教义的通信里的说法，认为爱是生命的最高准则。[13]

二、何以恋爱是一种艺术[14]

上节提到的吉布森和别的作家曾经替恋爱下过一个界说，认为恋爱是一种"情"（sentiment）和一种"欲"（passion）；究属是情是欲，要看个人的观点了。无论是情是欲，它是情绪生活的一个稳定而复杂的组织。当"情"看，它是一种比较理智的、文雅的与不露声色的心理状态；当"欲"看，它是一个富有力量的情绪的丛体。

所谓"欲",据英国心理学家香德(A. F. Shand)的定义,是"情绪与欲望的一个有组织的体系",换言之,它不只是一个情绪的系统而已,不过在无论什么欲的发动的过程里,迟早会产生一套自动控制的方法来调节欲力的大小,并且总能调节得多少有几分效力,至于这一套方法究属如何活动,究属利用什么机构,我们姑且不论。因为恋爱之所以为一种欲是成体系的,并受统一的原则支配的,所以我们可以把它看作有下列几种特点:"它是稳定的、调节的、含蓄的,并且有内在而深沉的理性存乎其间。"不过上文云云,只是就恋爱之所以为人体内一种心理状态而言,再若兼就体外而论,或兼顾到它的正常的发展而论,恋爱的基本条件(也有如吉布森所说)是"从对象身上所取得的快乐的感觉";说到这里,我们就发现我们的讨论所最需措意的一条路径了。这种快乐的感觉固然不一定全是快乐,其间也夹杂着无可避免的痛苦,甚至牵引起不少可能的悲哀,这几种情绪原是彼此合作、交光互影而糅杂在一起的;不过,也正唯有痛苦与悲哀的成分同时存在,恋爱之所以为一种有快感的欲,便更见得有力量,更见得颠扑不破。[15] 也正因为恋爱如是复杂,如是富有含蓄,它才可以成为六欲的班头、七情的盟主。我们这样推崇恋爱,绝不是一种浮词,一种滥调,而是有特殊与庄严的意义的。

不过我们这样推崇恋爱,我们还没能把它的意义充分发挥出来。恋爱实在还有比此更大的价值。所谓"情欲的班头盟主",也许只不过是一种放大的唯我主义,一种牵涉两个人的唯我主义,就是法国人所说的 égoïsme à deux。比起单纯的唯我主义尽管大一点,终究并不见得更崇高,更雍容华贵。

照我们在上文所了解的，恋爱也可以说是一个生发力量的源泉，而在恋爱中的两个男女是生发这种力量的机构，如此，则假若双方所发出的力量都完全消磨在彼此的身上，这不是白白地耗费了吗？恋爱原是一种可以提高生命价值的很华贵的东西，但若恋爱的授受只限于两人之间，那范围就不免过于狭小，在有志的人，在想提高生活水准的人，就觉得它不配做生活的中心理想了，这话罗素（Bertrand Russell）也曾说过，我以为是很对的。[16]

于两人之外，恋爱一定要有更远大的目的，要照顾到两人以外的世界，要想象到数十年生命以后的未来，要超脱到现实以外的理想的境界。也许这理想永无完全实现的一日，但我们笃信，爱的力量加一分，这理想的现实化也就近一分。"一定要把恋爱和这一类无穷极的远大目的联系起来，它才可以充分表现它可能有的最大的庄严与最深的意义。"

我们现在要讨论的，就剩所谓恋爱的那一半由于外铄的基本条件了。这外铄的条件，我们已经看到，道学家也承认，他们对它的细节虽不免因道学的成见而存心忽略过去，但大体上也总是接受的。这条件就是"从恋爱的对象身上所取得的快乐的感觉"（joy in its object）。说到这里，我们也就说到了恋爱为什么是一种艺术了。

在以前，不很久以前，恋爱的艺术在心理学与伦理学的书本里，是找不到一些地位的。只有在诗歌里，我们可以发现一些恋爱的艺术，而就在诗人也大都承认，他们虽谈到这种艺术，却也认为这是一种不大合法而有干禁忌的艺术，所以谈尽管谈，只要许他谈，他就心满意足，但他并不觉得这是应当谈的或值得谈的。

15世纪以前，罗马诗人奥维德（Ovid）的许多关于恋爱艺术的诗词，就是在这种心境下写的，而这种诗，有的人以为真是合乎艺术的原则，而加以歌颂；有的人则以为是诲淫的，而加以诅咒。一直到近世的基督教化的欧美国家，大家的看法始终如此。一般的态度，总以为性爱至多是一种人生的责任，一种无可奈何的责任，因此，把它在众人面前提出来讨论，或在文艺里加以描绘，是不正当的、不冠冕的以至于不道德的。[17]有人说过，就近代而论，恋爱艺术的萌蘖，是到了12世纪的法国才发现的，但其为一种艺术，却始终是不合法的，只能在暗中发展。

到了今日，情境才起了变化。把恋爱当作艺术的看法如今已渐渐得到一般人的公认。他们觉得这种看法终究是对的，并且道德学家与伦理学的接受与主张这种看法，倒也并无后人。他们承认，只是责任的观念，已经不足成为维持婚姻关系于永久的一种动力，我们诚能用艺术的方法，把恋爱的基础开拓出来，把夫妇间相慕与互爱的动力增多到不止一个，那也就等于把婚姻的基础更深一步地巩固起来，把婚姻的道德的地位进一步地稳定起来。[18]我们在这一节里并不预备专门讨论婚姻的道德，但这种道德的见地与要求我们是充分地承认的。

承认恋爱是一种艺术，其初期的一番尝试也还相当早，在近代文明开始之初，我们就有些端倪了。法国外科医学界先辈大师帕雷（Ambroise Paré）教夫妇在交接以前，应当有多量的性爱的戏耍（love-play），作为一个准备的功夫。更晚近的则有德人富尔布林格（Fuerbringer）在他讨论婚姻的性卫生一书里，认为凡是做医师的人都应当有充分的学力和才识，可以对找他的人，讲解交接的方法与技术。再回到和性爱艺术的初期发展特别有关系的法国，1859年，医师居约（Jules Guyot）发表了一本《实验恋爱编》（*Bréviaire de l'amour expérimental*），把性爱艺术的要点极剀切精审地介绍了一番；过了七十多年（1931），此书才有人译成英文，书名改称为《婚姻中恋爱者的一个仪注》（*A Ritual for Married Lovers*），仪注的说法很新颖可喜。[19]

说到这里，我们就追想到女子性冲动的种种特点，以及女子性生活中所时常发生的性能薄弱或性趣冷酷的现象。唯其女子的性能有这种种特点，恋爱的艺术才得到了发展的鼓励，而整个动物界中，何以求爱的现象大率有成为一种艺术的趋势，也就不待解释而自明了。

我们在上文已经说到，女子的性趣冷酷，可以产生家庭间的勃谿，妻子因此而受罪，丈夫因此而觖望，或终于不免于婚姻以外，别求发展。在这种例子里，其所缺乏的，或为性交的欲望，或为性交时的愉快，往往是二者均有不足；无论何种情形，都需要恋爱的艺术来加以补救。

性交接，包括初步的性戏耍在内，原是一个生物的活动；在这活动里，雌的所扮演的，正常的是一个比较被动的部分，而在文明的女子，这相对的被动的地位，不但受自然的驱遣，并且受习俗的限制，不免越发变本加厉起来。阳性刚而主动，阴性柔而被动，确乎是自然界的一大事实，阴阳刚柔的学说，只要不过于抹杀武断，是有它的价值的。这种二元的区别是极基本的，而男女两性在心理上的种种差异也就导源于此；这是一个无法否认的事实，而也是近代人士最容易忘怀的一个事实。[20]

布赖恩（Brian）说得好，两性之间，性的紧张状态，既相反而相成，则彼此在自己的身心上所引起的种种感觉与反应，也自不能一样；易于兴奋的阳具所产生的反应是急遽的推动、不断的活跃、具有侵占性的霸道的活动等等，而知觉锐敏的阴道所产生的反应是比较静待的容受、被动的驯服等等。换言之，我们在这里可以发现所谓"男性"和"女性"两者不同的精义。

不过，布赖恩也曾经提示给我们看，[21] 在我们到达这阳动阴静的阶段以前，即在求爱的较早的一段过程里，所谓动静的地位是多少有些对调的；即阳的反有几分柔顺驯服，而阴的反有几分主动与几分作威作福。[22] 女子的性神经中枢，数目上既较多，分布上亦较散漫，因此，性冲动的驱遣、疏散与满足，往往容易找到许多比较不相干与意识界以下的途径，而同时，把性事物看作龌龊与把性行为看作罪孽的种种传统的观念，也容易在女子身上发生效力，从而教她把性的冲动抑制下去。也因此，自古以来，女子的性冲动，比起男子的来，也就容易被摈斥到意识的下层里去，容易从不相干与下意识的途径里找寻出路。弗洛伊德的学说所以成功，就因为他能把握住这一层大有意义的事实。

不过，女子虽有这种种无可否认的性的特点，我们却不能根据它们而怀疑到女子本来就有一种寂寞与冷酷的自然倾向。我们知道，在相当不违反自然的生活环境里，性趣冷酷的女子是不容易觅到的。即在文明社会的穷苦阶级里，说者都以为"老处女"是绝无仅有的（一部分的女仆是例外，她们的生活状态是很不自然的）；即此一端，虽不能证明女子的性能本质上并无缺陷，至少也可以暗示到这一点。

不过就文明女子而论，情形就不同了。

大体说来，要治疗妻子的性感缺乏，主要的责任通常总是在丈夫的身上。所可虑的是做丈夫的人不一定都有这种准备。我们很怕法国名小说家巴尔扎克（Balzac）一句很煞风景的话到如今还是太与事实相符，他说，在这件事上，做丈夫的人好比猩猩拉小提琴！小提琴始终不能应手成调，始终好像是"缺乏感觉"似的，但这也许不是小提琴的错误。这倒并不是说做丈夫的人是自觉地或故意地鲁莽从事。做丈夫的人，如果太没有知识，太被"为夫之道"的义务观念所驱策，大量的鲁莽行为当然是可以发生的。

不过，做丈夫的人，一面固然外行，一面也未始不真心想体贴他的妻子。最可以伤心的是，就很大一部分实例而言，丈夫的所以外行，所以笨拙，是端为他是一位有道之士，一位有高尚理想的青年，当其未婚以前，他的生活曾经是玉洁冰清到一种程度，几乎不知道世上另外有种动物，叫作女子，姑且不论女子的本性与女子在身心方面的需要了。

我们固然得承认，最美满的婚姻，最能白头偕老、始终贞固的婚姻，有时就是由这样的两个玉洁冰清的青年缔结而成；他俩在婚前婚后真能信守"不二色"的原则。但这种玉洁冰清的态度与行为可以比作一把两面是口子的刀，操刀的人用这边的口子来割，是有利的，若用那边，就是有害的，而就不少的例子而言，操刀的人往往用错了口子。

不过话得两面说，一个在结婚以前专以寻花问柳为能事的青年，比起这种"天真"的青年来，在准备上也是一样的不适当，寻花问柳的人失诸过于粗鲁轻率，不免以待妓女的方法来待妻子，"天真"的青年则失诸过于顾虑到妻子的"纯洁"，其不幸的方向虽大有不同，而其为不幸则一。[23]

我们得承认所谓丈夫的责任也往往并不容易尽到。近代晚婚的倾向，特别是在女子方面，更教做丈夫的不容易尽到这种责任。在近代的文明状况下，女子在结婚以前，总有不少的年份是过着一种我们不能不假定为比较贞洁的生活，我们也不能不假定，在这许多年份以内，她的性的活力，像电一般地发出来以后，总得有些去路，有些消耗的途径。而在寻觅去路之际，她总已养成种种比较牢不可破的习惯和陷入种种比较摆脱不开的窠臼；她的整个神经系统总已受过一番有型的范畴，并多少已很有几分硬化。

就在性的体质方面，她的器官也已经失掉几分原有的可塑性，以致对于自然功能的要求，不容易做正常的反应。迟婚的女子第一次分娩，往往有许多困难，这是很多人知道的，但迟婚者的初次性交也有许多困难，并且这两类困难是彼此并行而同出一源的，却还不大有人充分了解。

在动物进化的过程里，发育成熟的期限，固然有越来越展缓的趋势，这种趋势当然也有它的意义，但我们应当知道，进化过程中所展缓的是春机发陈的年龄，而不是春机发陈以后的初次的性交关系，而人类的春机发陈，已经是够迟缓的了。

文明社会的种种要求固然迫使我们把性交行为的开始越往后推越好，但若我们顺受，结果便是我们无可避免地要自寻许多烦恼。反过来说，我们如果要解除这种烦恼，便更有乞灵于性爱的艺术的必要。

总之，我们要对男子的性生活加以调节，我们必须就女子方面同时加以考虑，这是显而易见的一种道理。更显然而同时却又不得不加申说的是，如果我们要了解女子的性爱方面的心理生活，我们也必须兼顾到男子的方面。

女子的性生活大部分受男子性生活的限制和规定，这是我们首先必须了解的，而必须了解的理由也不止一个。这些理由我们在上文大致都已经提到过，不过性爱的艺术在性心理学方面既有其特殊的意义，我们不妨再提出来讨论一下。

第一点，我们要再度提到阳动阴静、阳施阴受的道理。常有人说，并且也说得不无几分理由，在性的题目上女子实在处于一个优越与支配的地位。话虽如此，基本的事实却并不如此。我们充其量说，就我们和大多数的生物所隶属的高等动物界而言，阳性总是比较主动的，而阴性总是比较被动的。就解剖学方面而言，以至于就生理学方面而言，阳性是施予者，而阴性是接受者。而心理方面的关系也自不能不反映出这种基本的区别来，尽管在种种特殊的情形下，在许多不同的细节上，这阳施阴受的自然原则自然规范，可以有些例外，但大体上是不受影响的。

第二点，既不论自然的雌雄的关系，我们有史以来，以至于有事迹可据的史前时代以来，一切男女关系的传统观念也建筑在这一大原则上。我们承认，在性关系的建立上，男子占的是一个优越与支配的地位；我们更从而假定，在这方面，女子主要的功能，以至于唯一的功能，是生男育女，任何性爱的表示，要有的话，多少是属于不合法不冠冕的一些串戏性质，没有正规的地位的。我们的若干社会制度也就建立在这条原则与这种假定上，演变出来，建立起来：即如婚姻制度，我们一面承认家庭中丈夫有法定的家主的地位，而妻子则不负法律的责任，即妻子对丈夫负责，而不对社会负责；一面又于婚姻以外，承认娼妓的存在，以为只有男子有此需要，而女子则否。我们知道这些都是过火的，不全合事理的；幸而近代的社会舆论与国家法律已在这方面有些变迁。不过我们也应当知道，古代传下来的制度，尤其是这种制度在我们身上所已养成的种种情绪与见解，要加以改正，是需要相当的时间的，绝非朝夕之间可以收效。我们目前正生活在一个过渡时代之中，即在过渡的时代里，凡百的变迁要比较快，我们依然不免很深刻地受到已往的影响。

还有很值得考虑的一点，这一点和上文的两点也有些渊源，不过和女子方面的心理生活的领域更有密切的关系，这就是羞涩的心理。羞涩的心理有两部分：一部分可以叫作自然的羞涩，那多少是和其他的高等动物共通的；第二部分是人为的羞涩，那一半就建筑在社会习尚上面，而是不难加以修改的。世间也有怕羞的男子，但羞涩终究是女子的一种特殊的品性。这其间详细的情形以及种种例外的事实，不在本节的讨论范围以内，不能具论。不过就大体而言，羞涩的品性是女子心理的一大事实，不容怀疑的，它和一般阴性动物在性活动之际所表示的柔顺、驯服的性格有极密切的先天关系，而和社会的习俗又有不少的后天关系，并且此种先天的关系，因后天的关系而越发现得牢不可破。（不过上文说过，后天的关系是可以修改的，至于可以修改到什么程度，晚近的裸体运动很可以证明。）

就一般的情形而言，这种后天关系的修改是不大容易的，传统的种种习惯，近来虽已发生不少变迁，但显著的效果也还有限。不但有限，并且暂时还有一种不良的趋势，就是在女子的意识上，引起一种不和谐的局面。意识包括两方面，一是体内的感觉，二是身外的表现；今日的女子对于自身内在的性的感觉欲望，已经有自由认识的权利，但要在身外表示这些感觉与欲望，她就往往没有这种自由了。结果是，现代的女子之中，十有七八知道她们要些什么，但同时也知道，如果她们把这种需要老实地说出来，势必叫对方的男子发生误会，因而把男子拒于千里之外。这样，我们的话就又得说回来：我们的先决条件是必须开导男子，让男子了解女子的需要。这样，我们就又回到了男子的身上。

就是这两三点的讨论可以足够提示给我们看，我们目前所认识的女子应有的性生活的领域，实在有两个，而这两个是彼此冲突的。第一个是，女子性生活的理想是极古老的，可以说和我们的文明同样的古老。这理想说，女子的性生活应以母道为中心事实，这中心事实是谁也不能否认的；但这理想又说，这中心事实以外，其余的性生活的领域大体上全应由男子执掌。女子除了为成全她的母道而外，是没有性冲动的，即使有，也是等于零的。因此，女子的天性是单婚的、一夫一妻的、从一而终的，而男子那方面，既无须困守家庭，又少子女养育之累，心理品性的变异范围便比较大，婚姻的倾向也就很自然地会走上多妻的路。又因此，女子的性的问题是单纯的、显而易见的，而男子却要复杂得多。这样一个女子性领域的观念，我们几乎可以武断地说，是远自古典时代以迄最晚近的现代大家所认为自然的、健全的，而不容易有异议的，至于与确切的事实是否相符，那显然是别一问题。

不到一百年前，英国的外科医师阿克登（Acton）写了一本关于性的问题的书，他说，我们若认定女子也有性的感觉，那是一种"含血喷人"的恶意行为，而这本书便是19世纪末年以前在性的题目上唯一的标准作品与权威作品！[24] 在同一个时期里，在另一本标准的医书上，我们发现写着，只有"淫荡的妇女"在和她们的丈夫交接的时候，会因愉快而做出姿态上的表示来！而这一类荒谬的话，居然受一般人的公认。

到了今日，另一个女子性生活领域的观念正在发展。这个新观念，我们也许得承认是比较健全的，一则因为它和两性价值均衡的观念互相呼应，[25] 再则因为它和自然的事实更相吻合。在今日的情形下，就在性生活的领域以外，我们对男女两性的区别的看法，也不像以前那般斩钉截铁。

我们承认两性之间有极基本的差异，并且就其细节而言，也真是千头万绪，无法清算，但这些差异只是一些很微妙与隐约的差异。若就其大体而言，则男女既同为人类，便自有其共有的通性，换言之，人性终究是一个，而不是两个。男女同样有做人的通性，也同样有此通性的种种变异的倾向。两性之间，变异的趋向容有不同，但始终不至于影响通性的完整。[26]

我们已经再三提到过男子天性多婚与女子天性单婚的那句老生常谈，这句老生常谈究有几分道理，几分真假，我们也已经加以讨论。无论如何，我们总得承认一个基本的事实，那就是，就男女自然的区别而论，一样是性交接的行为，其对女子所发生的影响与责任，在分量上，比对男子的要重得不知多少，因此，女子在选择配偶之际，比

第四讲 性与爱的心理学　　107

起男子来，就出乎天性要审慎得多、迟缓得多。这个区别是自有高等动物以来便已很彰明较著的。

但也尽有例外。世间也很有一部分少数的女子，一方面对母道完全不感兴趣，而另一方面则和寻常的男子一样，可以随时随地和不同的许多男子发生性关系；而一般女子喜新厌旧的心理，好动善移与去常就变的心理，也大体上和男子没有区别，因此，假定有所谓三角恋爱事件发生的时候，以一女应付二男，比起一男应付二女来，不但一样的擅长，有时则更见得八面玲珑、绰有余裕。[27]

总之，把男女看作截然不同的两种人，彼此之间有一道极深的鸿沟，极坚厚的铜墙铁壁，这虽属向来的习惯而至今还没能完全改正，可见是没有多大理由的。女子像她的兄弟一样，也是父亲生出来的，因此，尽管男性与女性之间，有无数的细节上的差异，彼此所遗传到的总是人类的基本的通性。男女所以隔阂，以至于所以成为一种对峙与对抗的局面，由于自然的差异者少，而由于不同时代与不同地域所形成的不同的观念者多。我们在今日的过渡时代里，正目击着这种不同的观念或不同的理想所引起的明争暗斗。

我们看了上文的讨论，便知道我们对于女子性生活的实际状况的了解，为什么必须要寻找比较大批的精审而有统计数字的资料。女子一般的性生活状况如何？正常的女子如何？不同阶级或团体的女子又如何？比起男子来又如何？这一类问题的答复，非有精审与统计的资料不办。只是笼统武断地叙述，尽管持之有故，言之成理，尽管描绘得活灵活现，是没有用的。精神分析家和其他作家所能供给的往往就是这一类的叙述，并且这种叙述又不免被学说的成见所支配，多少总有几分穿凿附会，即或不然，其所有的根据又不免为少数特殊的男女例子的经验，实际上不能做一般结论的张本。幸而这些如今都已渐成过去的事物，而事实上我们也无须再借重它们。客观的调查与统计的资料原是最近才有的事，但幸而没有再晚几年，否则我们今天便无法利用。

在性生活的领域里，女子的被动性似乎比较大，这一点是不是就暗示在生理方面的性要求和心理方面的性情绪，男女之间也有根本的差别呢？为测验这一点，我们倒有一个方便的尺度，那就是性冲动的自动恋的表现，在男女之间，在频数上有什么相对的差异。汉密尔顿（Hamilton）、戴维斯（Davies）和狄更斯（Dickens），在这一点上，都有过一番周详的探讨。为什么自动恋的表现与其频数可以做尺度呢？大凡有到自动恋的表现，无论表现的人是男是女，我们便有理由可以推论，说背后总有一个主动的性欲在；固然，性欲之来，是可以抑制而不是非表现不可的，但只要有些表现的事实发生，我们一样的可以作此推论。三位医师所供给的数字当然并不一样，因为三家探讨的方法并不完全相同，而他们在征求答案的时候，被征的人有答不答的自由，并没有必须照答的义务，因此，有的问题就被跳过。据说这种跳过的脾气，女子要比男子为大。如果女子真有这种脾气，那么凡是坦率承认有过主动的自动恋的答复，当然是特别有意义的，而这种答复越多，那意义便越大。

女子并没有什么特殊而与男子截然不同的性心理，这一层是越来越明显的。说女子有特殊的性心理，那是修士和禁欲主义者所想出来的观念，不过既成一种观念，也就流行了很久，到现在才渐渐被打消。不同的地方是有的，而且永远不会没有。男女之间，只要结构上与生理上有一天不同，心理上也就一天不会一样。不过在心理方面的种种差别，终究不是实质上的差别。我们现在已经看到，就基本的要素而言，男女的性的成分是一样的，来源也只有一个，而西洋一部分人的旧观念，认为这样便不免"有损女子的庄严"，那是捕风捉影的看法，要不得的。

我们也看到，在性的境遇里，女子吃的亏大抵要比男子为大，这其间主要的理由，当然是因为以前的知识太不够，而传统的成见太深。虽则一部分的旧观念认为婚姻制度是男子为了女子的幸福而创立的，但事实上在这个制度里，女子受的罪要比男子为大，不但一般的印象如此，更精审的妇科医学的证据也指着这样一个结论。

女子的这种不利，究属有几分是天生的，又有几分是后天环境所酝酿出来因而还可以控制补救的呢？大抵两种成分都有。换言之，要在性交关系上取得充分的身心两方面的调适或位育，就在正常的形势下，女子本来比较难，而男子比较易。那当然是一个自然的不利，但也多少可以用自然的方法来加以纠正。

目前我们的问题是，不幸得很，这种局部基于自然的不利，在人类以前的历史里虽多少也感到过，但似乎从没有像近代的这般厉害。戴维斯女医师，在转述她所研究的各个已婚女子的经验时，提到有一位曾经很惨痛地问道："为什么做丈夫的在这方面不多受一点教育呢？"至于这些经验是什么，我们很可以从已婚女子的一部分答复里领悟得到。戴医师问大家对婚姻第一夕的反应如何，她们简短地答复"啼笑皆非""可怜可笑""十分诧异""满腔惶惑""一场失望""惊骇万状""愤恨交并""听天由命""手足无措""呆若木鸡"等等；同时有173个例子好像世故很深似的，"承认这就是这么一回事"。当然，作这一类答复的女子大部分是在结婚前，对婚姻的意义，对婚姻的葫芦里究竟有些什么药，几乎全不了解，事前既全无准备，临事自不免发生这一类惊慌失措的反应了。这样，我们的讨论貌似到了尽头，实际上却又回到了当初的起点。

在以前，女子和她的性的情境之间，可以说是有一种适应的，至少一种浮面上的适应并不缺乏。因为女子在结婚以前，对于和当时当地的生活应该发生一些什么密切的关系，多少总有几分训练，也可以说这种比较不能不密切的关系自会不断地给她一些训练，事前让她知道，让她预料，婚姻的葫芦里大概有些什么药，临事她也可以发现预料得大致不错。[28]

到了更近的时代，她们不是全无训练，便是训练得牛头不对马嘴，训练的结果，也可以教她在事前预料婚姻的葫芦里有些什么药，但临事她会发现压根儿不是这么一回事。换言之，近代以来，妇女的身份地位，妇女的每一个活动的园地，都静悄悄地经历着一番革命，其结果虽对性冲动并无直接的影响，而一种间接的、并不存心的、牵牵扯扯的影响，却到处皆是，四方八面都是。而同时，在男子的地位与活动方面，却并没有发生可以对比的革命，今日的男子还是五六十年前和七八十年前的男子。结果当然是一个无可避免的失其适应的局面。妇女运动或妇女革命的种种效果，我们既无法加以打消，也不想加以打消，那么要修正目前已失其适应的性的局面，那责任的大部分就不得不由男子担当起来。我们必须有一个新的丈夫来接待一个新的妻子。

第四讲　性与爱的心理学

生命的一切都是艺术，这话我以前已经说过不止一次。不过也有一些人不承认这句话。我以为这些人是误会了，他们把艺术和审美的感受力混作一回事，实际上却是两回事。一切创作、一切行为，都有艺术的性质，这不但以人类的自觉活动为然，一切自然界的不自觉的活动也可以说多少有些艺术的意味。说生命是艺术，实际上也不过是一种老生常谈，卑之无甚高论，要不是因为时常有人作为矫情的反面论调或口头上虽承认而行动上却全不理会，我们也无须把它特别提出来。就现状而论，说不定也正因为这种矫情与言行不相呼应的人太多，我们忍不住要说，要是人生是艺术的话，那大部分不是美好的艺术。

我们说人生大部分不是美好的艺术，指的是一般的人生，但若就性爱的人生领域而论，我们似乎更忍不住要说这样一句话。我们常听见说，两性之间，真正更能在自然界表示或流露艺术的冲动的是阳性，而不是阴性；这话是不错的，许许多多动物界的物类确乎是如此（我们只需想到鸟类，就明白了），但若就在性爱领域以内的近代男子而论，就汉密尔顿、戴维斯、狄更斯三位医师所和盘托出的种种事实而论，这样一个总括的结论，就很不容易达到了。这是很不幸的一个局面，因为恋爱这个现象，若当作性关系的精神的方面看，实际上等于生命，就是生命，至少是生命的姿态，要是没有它，至少就我们目前的立场而言，生命就要消歇。

时至今日，我们对恋爱的艺术所以受人责备、忽略以至蔑视的种种原因，已经看得很清楚，并且可以很冷静地把它们列举出来，例如，宗教的、道德的、精神的、审美的等等。而这些原因的活动实际上并没有多大的根据，即基于成见者多，而基于事理者少，我们如今也看得很明白。这样一番认识，一种看法是很重要的，我们今后要改进恋爱的艺术，这种看法是个必须的条件。

我们也知道这种看法在目前已渐渐发生影响，即使与真正的事实与学理未必完全相符，但终究是个进步。有的人甚至根据这种新的看法，从而作为矫枉过正的主张，就是，想把性的活动完全看作一种寻常日用的活动，一种尽人必须例行的公事，好比穿衣吃饭一般，或一种随时乘兴的娱乐，好比跳舞与打球一般，事前既不需广事张罗，临时也毋庸多加思索；他们认为只要采用这样一个看法，一切性活动所引起的问题便根本可以不致发生，更无论解决之烦了。这样一个主张，虽属矫枉过正，也和以前的有些不同，就是，以前的人若有这种主张，往往是出于一时的意气，而今日的人做此主张，则大有相当的理论做依据。

不过这种主张，终究是不健全的。英国的文学家与批评家赫胥黎（Aldous Huxley）对当代的生活风尚是有很深刻的观察与评论的一个人，他根据诗人彭斯（Robert Burns）的见地，曾经说过一句很真实的话："冷漠而没有热情的放纵行为是世界上最可怕的一件事。而恋爱这样东西，假如可以随便发生的话，结果一定是冷漠而没有热情的。"[29]

还有一层我们不得不加以说明的，就是即使我们真把恋爱降低成为一种例行公事，或一种随兴消遣，我们对两性关系的协调问题，不但并不能解决，并且可以说很不相干。不久以前，我们把性结合看作一种义务，初不问其间有没有一些感情或浪漫的成分；那种情形固然是离开应有的健全状态很远，如今把性结合当作一种公事，一种娱乐，其为违反自然，其为与自然暌隔，事实上是同样远。[30]

上自文明的人类，下至哺乳类以降的动物界，性结合的行为，就一般正常的状态而论，事先总有几分犹豫，几分阻力，而要消除这种犹豫与阻力，而使结合的行为得以圆满地完成，其间必须有充分的热情与相当的艺术。如果我们想否认这个自然的基本生理事实，我们是一定要吃亏的，而所吃的亏还不限于一种方式。

至此我们就说到了恋爱的艺术在卫生学与治疗学上的重要，而不得不多加一番申说。在以前，这种申说是不可能的，并且即使说来，也没有人能了解。

在以前，所谓恋爱的艺术是可以搁过一边的，可以一脚踢开的，因为妻子的性爱要求既向来无人过问，而丈夫的性爱要求很多人都认为可以暗地里在婚姻以外别求满足的途径。不过时至今日，我们对于夫妇双方的看法都已经改变了。我们现在的趋势是承认妻子和丈夫同样有性爱的权利；我们也渐渐指望着，所谓一夫一妻的制度会切实地经过一番修正，不再像已往及目前的那般有名无实，掩耳盗铃。因此，在今日，不讲求恋爱的艺术则已，否则势必最密切地牵涉另一个问题，就是单婚制或一夫一妻制的培植，因为婚姻之制，除了一夫一妻的方式以外，实际上是行不通的，无法维持的，而即在一夫一妻的方式下，婚姻生活的维持已经是够困难的了。

恋爱的艺术，就它的最细腻、最不着痕迹的表现而论，是一个男子和一个女子在人格方面发生最亲切的协调的结果。不过就它的一般粗浅的程度而论，这艺术也未始不是寻常性的卫生的一个扩展，亦即未始不是医师的工作范围的一部分，换言之，如果寻常的婚姻生活产生困难的问题或遇到困难的情境时,是很有理由可以向医师领教的。

目前一部分提倡性卫生的人还往往忽略这一点,但我相信这种忽略的态度终究是不能维持的,事实上也已经很快地正在那里发生变迁。我们到了现在,再也不能说,求爱与性交的知识是天授的,是天纵的,是良知良能的一部分,因而无须教导。

好多年以前,英国名医师贝杰特(Bejart)就说过,至少在文明状态下,这种知识是要授受的。我们不妨补充说,就在文明程度不高的民族里,这种授受的功夫其实是同样的需要,在这些民族里,男女青年到了相当年龄,便需举行很隆重的成人仪式,而性交知识的训练便成为这种仪式的一部分。

还有很多人所不大注意而值得提出的一层,就是这些民族所处的环境既比较自然,对于性交前的种种准备步骤也往往能多所措意,而性交方式的繁变,也是一个比较普通的现象。这些参考之点都是很重要的。求爱或交接前的准备必须多占一些时间,因为,在生理方面,时间不多,则欲力的累积有所不足,上文很早就说过,所谓积欲的过程是要充分的时间的;而在心理方面,时间不多,则恋爱中精神方面的一些成分便无从充分地发展,而真正的婚姻生活便失所依凭,因而不能维持于久远。

我们也必须承认,交接是可以有许多不同的方式的,不同的方式虽多,要不至于超越寻常人性的变异范围之外,换言之,它们实际上并没有什么不正常,并不是一些恶孽的根性的流露。

我们更须承认,这些方式的变换也是必需的,因为对于有的人,或在有的时候,某一方式要比另一个更相宜,更有满足的能力。新婚夫妇，有时要经过好多年，才发现只有在某种情况下，采用某一方式，性交方才发生快感，或单就妻子方面而言，虽无快感，也至少可以把不快之感减到最低限度。这两层，即交接前求爱的准备功夫与交接方式的变换与选择，如果能得充分的注意，我以为大多数女子方面所谓性能薄弱或性趣冷淡的例子已经可以不药而自愈。

上文所说的种种，我们如今渐渐了解，是一个贤明的医师所不能不过问的。我们应知即就受孕一端而论，女子的性的满足也未始不是一部分的条件，因为女子的地位，至少就受孕一点而论，绝不是完全被动的。

英国前辈中著名的妇科医师邓肯（Matthews Duncan）认为为保障受孕起见，女子的性快感是万不可少的，后来别的专家如同基希（Kisch）等对这个看法又曾经加以坐实。我们以为性交时快感的有无未必是受孕与否的一个万不可少的条件，因为世间大量的婴儿的孕育，总有一大部分是和这种快感之有无没有关系的；换言之，性交而有快感的女子既少，而婴儿之孕育却如此之多，足证两者之间不会有很大的关联。不过基希也发现性感不快的症候（基希认为这是和性交的不得满足是一回事）和女子不生育的现象有很密切的连带关系，他发现38%的不生育女子有这个症候；不过基氏所提到的只是一部分资料，至于一般的情形是否如此，或一般的关联程度是否如此之高，他却略而未论。[31]

上文所谓求爱的准备功夫指的并不是——至少不只是——结婚以前的那一个耳鬓厮磨的阶段，而是每一度性交以前很自然也很必需的一个先决条件。这是恋爱艺术里最单纯与基本的一个事实，上文也曾提到过。开始求爱，大抵是男子之事，如果他从察言观色之中，觉得时机是相当成熟，他就不妨建议（他一定得察言观色，时机成熟与否，女子是绝不会告诉他的）；建议是他，交接前后过程中始终取主动地位的当然也是他。不过如果女子也表示一些主动的倾向，这其间也丝毫没有什么不正常的地方，因为假定女子是100分的被动的话，恋爱的艺术是无从说起的。

  在这样一本引论性质的书里，我们并没有讨论恋爱的艺术的种种细节的必要。不过在结论里，我们至少应当说明，恋爱的艺术绝对不限于身体与生理的方面。即使我们把生理的方面搁过不论，或虽论而认为它只有一些间接的关系，即使就成婚已经二三十年而性的生活已退居背景的例子而论，甚至即就根本不能有性交生活的夫妇而论，恋爱的艺术依然不失为一种艺术，一种不容易的艺术。

  夫夫妇妇之间，应当彼此承认个人的自由；生活理想尽管大致相似，其间脾气的不同、兴趣的互异，也应当彼此优容；彼此应当不断地体贴，应当坦白地承认自己的弱点与错误，同时也接受对方的错误与弱点，而不以为忤；嫉妒的心理是有先天自然的根据的，任何人不能完全避免，偶然的表现是一定有的，并且表现的方式也不一而足，这种表现在一方固然应当力求自制，在对方也应当充分宽恕。诸如此类问题的解决，尽管与狭义的性关系无关，也未始不是恋爱艺术的一部分，并且是很大的一部分，甚至可以说最大的一部分。并且，若有一分疏虞，不但夫妇的关系受影响，全部的人生艺术也就从此可以发生漏洞，成为种种悲哀愁苦的源泉。

  总之，我们对夫妇的关系，总需取一个更宽大的看法；否则，我们对构成此种关系之种种因素，使此种关系的意义更可以充分发挥出来的种种因素，便无法完全把握得住。一定要这些因素都有一个着落，个人的幸福才有真正的保障，而除了个人的卫生上的功用而外，社会的安全与秩序也就取得了深一层的意义，因为，婚姻的维持与巩固也就根本建筑在这些因素上。

弗洛伊德在1908年时说："要在性的题目与婚姻的题目上提出改革的方案来，那并不是医师应有的任务。"这种置身事外的看法现在是过去了，而弗氏自己后来也似乎看到这一点，因为，自从1908年以后，他在许多人生的大题目上，可以说一些含义再广没有的大题目上，下过不少思考，发过不少议论。

时至今日，我们可以叫穿地说，医师的任务绝不在保留一部分人间的罪孽，为的是可以借题发挥，甚至可以于中取利；这种看法尽管和医术的原始的看法完全相反，但时代既大有不同，我们的观念也自不宜故步自封、墨守成规。在医学的每一个部门里，医师和一般明白摄生之道的人的任务就在对人生的种种条件与情境，求得进一步的调整与适应，务使"罪孽"的发生越少越好。在我们目前所讨论的部门里，我们的任务更应如此，因为它和人生的关系要比任何其他部门更见得密切，而其为祸为福，所关更是非同小可。因此，医师对于任何医学的部门虽应有充分的认识与运用充分的聪明智慧，而对于我们目前所注意的部门，尤其应当如此。[32]

注释

1. 关于恋爱的艺术，霭氏（Havelock Ellis）别有详细的讨论，见《研究录》第 6 辑第 11 章和《恋爱与德操小言集》。

2. 这话是再对没有的。译者以前在别处讨论过，前代中国人很大一部分的殉国或杀身成仁的行为是由于忠君爱国的情绪，也是一种爱，成仁的仁，不用说，也是根源于爱的情绪；爱国而至于殉身，不能不说是尽了自我牺牲的能事。然此类成仁的人，其动机之中，也多少总有一些保全名节的观念，读书人之于名节，好比寻常人之于身家财产，都是自我的一部分。名节何以要保全？因为它是名教纲常的一部分，固然有保全的价值，同时也正因为它是我的名节，所以更有保全的必要。为保全名节而牺牲自我，其间同样可以有自我满足的成分存在；不过和保全身家性命的自我满足相比，其价值自不可同日而语了。

3. 可参阅潘光旦所著的《冯小青》。

4. 中国文字在这一点上很可以和这段讨论相互印证。《说文》中有"厶"字（今私字从此，且已取厶字而代之），八厶即为公，八就是分，把厶分配出去，或推广开去，就成为公，故公中不能完全没有厶的成分，而公的观念根需从厶发展出来。男女的关系如此，一般人我的关系也复如此。这看法是最合理而健全的，有此看法，则西洋社会思想中"群己权界"一类的困难问题便根本不会发生。

5. 雁就是最好的一个例子。富有人本思想与浸淫于拟人论的中国文学家也早就观察到此。

6. 伊奥尼亚为古希腊的一部分，由若干岛屿组成，雅典便是这一部分的中心都市。

7. 这故事的梗概是这样的：特里斯坦的叔父，是康沃尔国（Cornwall，今英国西南部）的国王，名字叫作马克（Mark）；他衔叔父之命到爱尔兰迎娶新后叫依索尔德（Isolde the Beautiful），在回程中，他和这位新后共饮了一种药水，遂至彼此相爱，固结不解，后来终于被马克刺死。

8 兼顾到精神方面的恋爱观,在中国也似乎发展得相当迟,除了重视同性恋一端而外,中国文化在这方面和希腊的很有几分相像。我们现在用的恋爱二字,已经是后来的假借,恋爱二字并用而成词,更是近年来才流行。《说文》爱原作㤅,经传都以爱为之,而㤅字遂废。爱字最初训惠,训仁,训慕,并不专用于性爱的方面。《诗经·国风》中多男女相悦之词,但遍索的结果,只找到两个爱字和性爱有关,一是《静女》的"爱而不见,搔首踟蹰",二是《将仲子》的三句相同的"岂敢爱之"。《国策》中的《齐策》"有与君之夫人相爱者"一语中的爱显然是性爱之爱,但注里说,爱犹通也。孟子提到过:"昔者大王好色,爱厥妃。"总之,爱当性爱用,在最初大概是很不普通的,偶一用到,也没有多大特殊的意义,更说不上意义中有多少精神的成分。《孝经正义》于"爱亲者不敢恶于人"一语下引沈宏的注释说:"亲至结心为爱。"结心二字的说法极好,但可惜所指并不是性爱,而是亲子之间的爱。恋字比起爱字来,似乎要更有性爱的意义。戀、䜌、𥾾,古书上大率相通,从𢇍,𢇍从丝,有乱烦之意。《老子》说,不见可欲,则心不乱,戀字既从𢇍从心,可见应与性爱的情绪,最为相近。但在古时候也不见得如何通行。《易·小畜》的"有孚攣如",子夏《传》作"戀如",注谓"思也";思字富有性爱的意味,说详下文。《诗经》上戀字皆作䜌,如《泉水》的"䜌彼诸姬",《静女》的"静女其䜌",《猗嗟》的"猗嗟䜌兮",《车舝》的"思䜌季女逝兮",《候人》与《甫田》的"婉兮䜌兮",——大都用作形容词,而不用作动词,作"可爱"讲,而不作"爱"讲。我以为自形容词转用为动词,是后来的一个演变。好比婉字,最初显然是一个形容词,例如《野有蔓草》的"清扬婉兮",后来三国时阮瑀为曹操致孙权书中,有"婉彼二人"(刘备、张昭)语,即用作动词,即作爱字讲。

《诗经》的《国风》,不用说是最富有性爱情绪的一部文献,而恋爱的概念却始终不曾有过清切的表示,这是很可以惊异的。不过《国风》有两个用得比较多的字,比爱字恋字要普通得多,我以为倒很有几分恋爱的意味。第一个是怀字,如《卷耳》的"嗟我怀人"及"维以不永怀";《野有死麇》的"有女怀春,吉士诱之";《终风》的"愿言则怀";《雄雉》的"我之怀矣,自诒伊阻";《载驰》的"女子善怀";《将仲子》的三句"仲可怀也"。第二个是思字，如《汉广》的"汉有游女，不可求思"；《桑中》的三句"云谁之思"；《伯兮》的"愿言思伯，甘心首疾"与"愿言思伯，使我心痗"；《褰裳》的"子惠思我"与"子不我思"；《东门之墠》的"岂不尔思？子不我即"；《子衿》的"悠悠我思"；《出其东门》的"匪我思存……聊乐我员"与"匪我思且……聊可与娱"。《伯兮》与《出其东门》二诗里的几个思字，最足以表示真正的恋爱的情绪。《伯兮》的主角是一个十分贞洁的女子，当丈夫不在家的时候，连修饰打扮的功夫都暂时废弃，而思慕之深，竟到一个"甘心首疾"与"心痗"的程度，所以我以为两句"愿言思伯"里的思字绝不只是代表寻常思虑的一个字。《出其东门》里的"思存"与"思且"，因为有下文的"聊乐"与"聊娱"做对照，也是比较有特殊意义的，其意盖谓，东门外的游女虽则多如云，闉闍外的游女虽则美如荼，在诗中的主人看去，只配做些寻常调情的对象，可以相互娱乐罢了，而说不到什么比较真正与深刻的性的情绪（按注疏的看法与此完全不同，孰是孰非，目前姑不深论，唯注疏一方面受了《诗序》的文词的限制，一方面又免不了家族主义的道德观念的支配，所说的一大套实际是很牵强的，译者不敏，未敢苟同）。

　　《国风》中所开辟的这个思字的用法，到了后世，也还继续地发展。《方言》十，凡言相怜哀，江滨谓之思，其实我们根据《国风》立论，思字的这个用法并不限于江滨，我们见到的是《郑风》里最多，但卫、鄘、周代的王畿等地也有。《山海经》的《大荒东经》说，有司幽之国，"思士不妻，思女不夫"，注"思感而气通，无配合而生子"，性的情绪到此境地，也真够缠绵悱恻了。后来的诗人喜欢用"闺思"一类的题目，描绘"思妇"的情态。由此再进一步，便成不大健全的感伤主义的情绪状态了。《文选》张华《励志诗》的"吉士思秋"，注：悲也。好比《淮南子》所说，"春女悲，秋士哀"，那思字就等于悲或哀了。曹植《七哀诗》亦有"上有愁思妇，悲叹有余哀"之句。《诗序》上所说"亡国之音哀以思"的思字，也就是这样一个思字。所以就中国文字的源流而言，最接近西洋所称 romantic love 的字，不是"恋"，不是"爱"，而是"思"或后世惯用的"相思"。

9　说到这里，上文注 8 中所提到的怀字便很有它的地位。《论语》说："子生三年然后免于父母之怀"；又说："少者怀之"。所以译者以为假如男女间的情爱依然可以用思字来代表,则亲子间的情爱可以用怀字来代表。

10 见克劳莱和吉布森在《宗教与伦理的百科全书》中合著的"恋爱"与"初民的恋爱"两段释文。

11 精神分析派的这个见地不能说全错,不过把问题看得过于单纯,是不相宜的。爱憎的心理不容易截然划分。《论语》有"爱之欲其生,恶之欲其死"之语;《管子·枢言篇》也说:"爱者,憎之始也。"

12 古今中外的哲学思想中,只有佛家在这一点上是一贯的,是充类至尽的,它否定恋爱,也根本否定生命。

13 关于本节,又可参看:
韦斯特马克(E. A. Westermarck):《人类婚姻史》;又《道德观念之由来与发展》。
卡本特(Edward Carpenter):《爱的成年》,有中译本。
爱伦·凯(Ellen Key):《恋爱与婚姻》。

14 参看霭氏《研究录》第6辑第11章及第3辑的全书。第3辑中的3篇研究,《性冲动的分析》《恋爱与痛苦》《女子的性冲动》,都和本节有密切的关系。

15 此段见解,霭氏发挥得最清楚,即见《研究录》第3辑《恋爱与痛苦》一文中。

16 近代青年,在一部分文人的提倡下,很喜欢阅读冒襄《影梅庵忆语》和沈复《浮生六记》一类的书,他们应知这一类的书,如果当文艺小品看,固然有它们的价值,但若当恋爱生活的规范与金科玉律看,那是一大错误。霭氏这一段话,在这一点上最能发人深省。

17 中国人对性爱的看法,虽比基督教文化下的欧美的看法略较开明,不把性现象看作龌龊的事物,性活动看作造孽的行为;不过这种责任的看法以及不便形诸笔墨的看法,倒是中西一致的。《国策》:楚围雍氏,韩令尚靳求救于秦。宣太后谓尚子曰:"妾事先王也,先王以其髀加妾之身,妾固不支焉;尽置其身于妾之上,而妾弗重也,何也?以其少有利焉。"战国去古代比较自然的光景未远,所以宣太后肯如此说,而史家敢照所说的记录下来;而后世文人的看法就不同了,清人王士祯对这一段话的反应是:"此等淫亵语,出于妇人之口,入于使者之耳,载于国史之笔,皆大奇!"见《池北偶谈》。王渔洋这种见地,在后世是很普遍的,硕学鸿儒,因为好作风月小词,至于被摈于从祀之列,例如欧阳修,也就因为主持风教的人大都有此种见地。袁枚《子不语》(卷21)说:"李刚主正心诚意之学,有日记一部,将所行事,必据实书之。每与其妻交媾,必楷书某月某日,与老妻敦伦一次。"虽不避讳掩饰,却又犯了所谓责任的看法,而其所以肯坦白写出的缘故,倒也并不因为此事值得写,不妨写,而是因为要表示他的意诚心正,他的不欺,所以不得不写;这其间也当然富有一种对己的责任的看法。

18 中国人对婚姻,责任观念很重,而艺术观念很轻,真正床笫间的性爱的艺术自然也谈不大到。不过对于此种艺术的第一步,即充分积欲的准备,却不能说全无理会,"相敬如宾"的原则,"上床夫妻,下地君子"的道理,从这个立场看,而不从礼教的立场看,是极有价值的。唯其下地能守君子之谊,上床才能尽夫妇之欢。

19 英译本只是法文原本的一部分,译者是个女子,名叫格特鲁德·M.平肖(Gertrude M. Pinchot)。

20 参看中国《易经》一书及宋元以来理学中阳刚阴柔的人生哲学。

21 见布氏所著文《双性现象》,《国际精神分析杂志》,1930年4月。

22 参《易经》咸卦。此卦说:"咸亨,利贞,取女吉。彖曰:咸感也。柔上而刚下,二气感应以相与。止而说,男下女,是以亨利贞取女吉也。"按此卦艮下兑上,孔氏《正义》说:"艮刚而兑柔,若刚自在上,兑自在下,则不相交感,无由得通;今兑柔在上,而艮刚在下,是二气感应以相授与,所以为咸亨也。"《正义》又说:"艮为少男而居于下,兑为少女而处于上,是男下于女也。"此卦的卦象说:"山上有泽,咸,君子以虚受人。"《正义》说:"泽性下流,能润于下;山体上承,能受其润。以山感泽,所以为咸。……君子法此咸卦,下山上泽,故能空虚其怀,不自有实,受纳于物，无所弃遗，以此感人，莫不皆应。"

23　这一节所称的玉洁冰清、天真、纯洁，当然不是真的，而是"罔昧无知"的代名词。

24　阿克登所著书叫作《生殖器官的功能与病患》。按，此书之作，既完全以男子为对象，好像生殖的功能是和女子全不相干似的。及偶然提到女子，则一则说，凡属教养健全的女子对于一切的性的题目是不闻不问的。再则说："大多数的女子是从不受任何性感觉的很多麻烦的（这真是社会的幸福）！"三则说，我们若说女子有性的感觉，便是一种"含血喷人"的恶意行为。见霭氏《研究录》第3辑194页。

25　男女平等的概念，在稍知两性差别的人是不大容易接受的，因此，霭氏在《男与女》一书的修正版（1926）的序言里，特别提一个所谓价值均衡的概念来，英文是 sexual equivalence。有 sexual equivalence 的新概念新名词，而 sexual equality 的旧概念旧名词可废。

26　译文中"通性"的说法是译者酌加的，原文并不如此清楚。译者以为霭氏这一段讨论还嫌过于笼统。译者不敏，近年来常以所谓"人格三方面"之说做议论的骨干，青年修养要培植到这三方面，社会思想要顾到这三方面，社会问题要解决到这三方面，举其一而遗其二，或举其二而遗其一，结果总是不健全的。此三方面是，一为人我相同之通性，二为人我相异之个性，三为男女相差之性别。通性发展的效果是社会秩序，个性发展的效果是文化进步，性别发展的效果是民族绵延，群居与人文的生活事实上也跳不出这三大方面。说详拙稿《关于妇女问题的讨论》（《今日评论》第2卷，今辑入《抗战与优生》）及《青年与社会思想》（昆明《民国日报》，1939年7月30日，今辑入《自由之路》）。

27　李昉《太平广记》（卷101）引《续玄怪录》说："昔延州有妇人，白皙，颇有姿貌，年可二十四五；孤行城市，年少之子，悉与之游，狎昵荐枕，一无所却。数年而殁，州人莫不悲惜，共醵丧具，为之葬焉，以其无家，瘗于道左。大历中，忽有胡僧自西域来，见墓，遂跌坐具敬礼，焚香围绕，赞叹数日。人见谓曰：'此一淫纵女子，人尽夫也，……和尚何敬耶?'僧曰:'非檀越所知,斯乃大圣,慈悲喜舍,世俗之欲,无不徇焉。此即锁骨菩萨,顺缘已尽,圣者云耳,不信即启以验之。'众人即开墓视,遍身之骨,钩结如锁状,果如僧言。州人异之,为设大斋起塔焉。"此段文字可以看作这种女子的一个讽刺,也可以看作这种女子的理想化以至于神明化。荀子说:"君子以为文,小人以为神。"我们姑且把它看作一种人文的点缀就是了。

28 以前的女子是生来就预备结婚的,所以当其月经已来之后将近成婚之前,做母亲的对她多少总有一番教诫,让她知所准备,所谓"往至女家,必敬必戒……以顺为正,妾妇之道"的一类训词里大抵包括不少虽属常识而不便形诸笔墨的话。所以说,葫芦里的药多少可以猜透几分。如今呢,女子生来便不一定结婚,尽管大部分终于不免走上婚姻的路,但事前既未打主意,临事全无准备,家庭无此告诫,学校无此课程;于是闷葫芦一旦打开,除仓皇失措而外,自更无第二种反应。

29 赫氏是严复所译《天演论》的原作者托马斯·赫胥黎之孙。赫氏诸孙中有二人负有盛名,一是生物学家朱利安(Julian),一就是这位奥尔德斯(Aldous)。

30 霭氏是一个人文思想家,凡所主张,不离一个时中的原则,此处又是一些论证。

31 见基氏《女子的性生活》一书。

32 其他参考书目:
赖特(女)(Helena Wright):《婚姻中的性因素》。
赫登(女)(Isabel Hutton):《婚姻的卫生》。
罗比(Robbie):《恋爱的艺术》。
山格夫人(M. Sanger)与斯通(女)(Hannah Stone):《避孕的实施》。

节选自霭理士《性心理学》,潘光旦译注

朱光潜 （1897—1986） 西南联大外国语文学系教授

中国现代美学奠基人，文艺理论家、教育家、翻译家，曾任北京大学、四川大学、西南联大、武汉大学教授，并任中华全国美学学会名誉会长。代表作：《谈美》《给青年的十二封信》《西方美学史》。

第五讲

梦的心理

朱光潜

弗洛伊德最重要的著作为《梦的解析》(*The Interpretation of Dreams*)。他自己曾经说过,梦的研究是到心理分析的捷径。我们想明白他的学说,不可不知他对于梦的见解。

一、原始人民心目中的梦

普通人对于梦抱有两种矛盾的态度。他们一方面以为梦是一种莫名其妙的幻境,所以它成为一切虚幻离奇的象征。莎士比亚的"我们只是做成梦的材料",李白的"浮生如梦,为欢几何"一类的话,是一般人所认为含有至理的。梦既然没有理性,所以值不得研究,只有痴人才去说梦。

但是一般人同时又相信梦也不是漫无意义的。在原始时代,梦有很大的支配生活的能力。他们以为人的精灵在梦中可以和神鬼相感通。殷高宗梦见上帝赐他一个良相,醒后依梦图形,令人四处寻求,果然得到傅说;汉明帝梦见金人,便成了佛教东传的兆应;李白的母亲梦见长庚星,所以她生了聪明的儿子。

精灵在梦中既然能和神鬼相感通,所以梦中见闻都是神鬼的诏命。未来的祸福都可以从梦中看出。不过神鬼欢喜闹神秘的玩意。他们的预兆如果一目就能了然,那就失其神秘的价值了。所以梦的隐语须经通人解释,意义才能明了。因此解梦的人在原始时代最被人尊敬。

《旧约》中说过埃及国王有一次梦见七枝瘦麦穗把七枝肥麦穗吞咽下去了,约瑟替他解释说这是七个丰年之后有七个荒年的预兆。国王听他的话,储蓄了七年的谷子,后来果然有七年是荒年,人民受积谷的赐,所以没有闹饥荒。约瑟因此在埃及得了极大的信用和势力。这是古今所传为佳话的。

但是这种原始时代的解梦术究竟有些牵强,因为它可以随意附会,没有一定的标准。比如有一个人乘船遇风,把儿子吹落水里去,夜间梦见和儿子分梨吃。这个梦经过两个人解释,甲说"分梨者,分离也,不祥之兆",乙说"梨开则见子"。后来他果然把儿子寻出来了。乙的本领从效果方面说固然比甲高明,可是这也有幸有不幸,何以见得分梨是"见子"而不是"分离"呢?

原始时代的解梦术虽然只是一种迷信,但是它也给近代心理学家两个很重要的暗示:第一个暗示就是凡梦都有意义,不像表面那样怪诞；第二个暗示就是凡梦都是象征的，它的意义和它的幻象是相吻合而却不必相同。

二、旧心理学对于梦的解释

旧心理学专研究常态的意识，梦是怪诞离奇的，所以置之不谈。间或有一两位心理学家注意到梦，也只能观察一些零乱的事实。他们关于梦的见解可以这样地撮要叙述：

我们每夜都做梦，可是收集梦的材料却很困难。梦是最容易忘记的。醒时追忆梦中经过，只是捕风捉影似的记起一些零碎怪诞的印象。但是梦有两个特征是容易分析出来的：第一，做梦者不能知觉梦中自己身体的实在状况；第二，他在梦中把记忆得起的印象错认为实在事物。我们可以说，梦和醒的最大异点就在醒时能分别幻想和实境，而梦中则不能分别。何以在醒时明知它是一种幻想而在梦中却被误认为实境呢？这是由于幻觉。在醒时我们能拿想象和自己的知觉以及旁人的经验相比较，容易发现想象的虚幻。在梦境则不然，我自己的知觉既然失其作用，而旁人更不能以他们的经验来纠正我的想象，所以想象和事实便混淆起来了。

梦境和醒境虽不同，而梦的内容则尽取材于醒时经验。梦中意识和醒时意识的分别不在材料而在材料的配合方法，醒时的配合是合理的，梦中的配合是不合理的。醒时所有的心理活动如知觉、情感、意志等等在梦中都可以再现。就中以知觉的经验为最重要，而知觉的经验又以视觉记忆为最鲜明。听觉和触觉也很重要,色觉和嗅觉就不常入梦。据美国心理学家卡尔金斯(Calkins)的统计,梦的各种知觉成分比例如下:

观察者	视觉	听觉	触觉	味觉	嗅觉
甲(133 个梦)	85%	58%	5.3%	0	1.5%
乙(165 个梦)	77%	49.1%	8.5%	0	1.2%
丙(151 个梦)	100%	90%	13.5%	12%	15%
丁(150 个梦)	72%	54.6%	6%	2.7%	27%

睡眠中的感官刺激也易引起幻梦。例如壁上的钟声常使睡眠者梦轰雷,用冷水洒在睡眠者的身上常使他梦下雨,睡时以手掩胸往往梦为厉鬼或怪物所压。

梦中想象力最活动,一个零碎的错觉,可以成为一段复杂情景的中心。有一位莫瑞(Maury)曾经梦见自己生在法国革命时代,被人拘到革命党所组的法庭去,由审问而定谳,由定谳而上断头台,情景都很逼真,他并且很明白地觉得刀子扑地一砍把他的头砍落了。惊醒来一看,他发现颈项上并不是刀,只是倒下来的床顶。霍通(L. H. Horton)根据这类事实,断定一切梦都是错觉,一切梦中图形都是睡眠中器官状态象征的解释。例如红的物体象征身体某一部的发炎,飞马象征血脉的急促,傲慢的女子象征寒冷之类。

旧心理学对于梦的解释大略如此。一言以蔽之,他们以为梦不是幻觉,就是错觉;至于幻觉和错觉的发生,则由于睡眠中知觉失其作用不能拿事实来纠正错误的联想。他们没有疑问到:如果梦全是错误的联想,何以它往往是完整有意义的经验呢?从许多繁杂的意识经验中,拣选一些零星断片出来,凑拢成一个完整连贯的幻想,这种工作好比诗人作诗,小说家作小说,不能说是机会造成的。主宰这种梦的工作者究竟是什么呢?梦的意义如何去进行解释呢?这些问题是旧心理学家所未曾明白答复过的。

三、弗洛伊德的梦的解释

弗洛伊德在他的最重要的著作《梦的解析》中根本推翻幻觉错觉的说法。他是一个主张极端的"前定主义"(determinism)的人,以为心理上有一因必有一果,有一果必有一因,没有一件事是偶然的。"心理界和物理界一样,无所谓机会。"所以梦也绝不是机会造成的错误的联想。被压抑的欲望和隐意识,梦就是它们的产品。

依弗洛伊德看,凡梦都是欲望的满足(wish fulfilment)。这种欲望大半是关于性欲的,在平时因为它和道德习惯不兼容,所以被压抑到隐意识里去了。但它还是跃跃欲发,在睡眠中检查作用弛懈,它于是戴起离奇怪诞的形象做假面具,乘间偷入意识界去活动,于是成梦。

这是几句提纲撮要的话,我们现在来把它解释详细些。一般人怀疑弗洛伊德的学说,大半因为嫌他所说的象征太牵强。其实梦不必尽是象征的。我们先从不是象征的梦下手,然后再进一步研究象征的梦。

四、日梦

我们不仅在睡眠中做梦，日间精神疲倦，注意力涣散，平素受理智束缚的与事实相冲突的幻想于是源源涌现，这种幻想和梦也没有分别，所以通常叫作"日梦"（day dream）。日梦是欲望的满足，比较夜梦更容易看出。

有一个卖牛奶的女佣头上顶着一罐牛奶上镇市去，边走边想着："这罐牛奶可以卖得许多钱，拿这笔钱买一只母鸡，可以生许多鸡蛋，再将这些鸡蛋化钱，可以买一顶花帽子和一件漂亮的衣服。我戴着这顶帽子，穿着这件衣服，还怕美少年们不来请我跳舞？哼，那时候谁去理会他们！他们来请我时，我就向他们把头这样一摇！"她想到这种排场，高兴极了，忘记她的牛奶罐，真的把头一摇，牛奶罐扑地一响，她才从好梦中惊醒！这是日梦一个顶好的实例。

日梦是一件最快活的消遣。做日梦时心里都很扬扬得意，日梦中的情节大半都是很愉快的，因为平素不能实现的欲望在做日梦时可以赤裸裸地尽量实现。

五、不是象征的梦

日梦的功用是以幻想弥补现实的缺陷，睡眠中所做的梦有什么不同呢？它们并没有什么重要的异点。拿日梦和象征的梦摆在一块，固然相差较远，但是睡眠中所做的梦也有不是象征的。小孩子们常梦到吃新鲜的食品，玩稀奇的玩具，耍有趣的把戏，穿好看的衣服，和日梦简直没有差别。成人的梦也往往如此，饥饿时常梦见赴宴，焦渴时常梦见饮水，就是受社会裁制很严的性欲有时也赤裸裸地在梦中得满足。

中国传说中的"黄粱大梦"也是一个不是象征的梦。相传唐开元时有一位卢生落第归家，路过邯郸下了旅馆。他正在煮黄粱做饭吃，忽然睡着，头靠在一个道人给他的磁枕上。他梦见做了50年的高官，享了80年的上寿，其中如中状元，做宰相，征西域，和李林甫闹脾气，经过许多阔绰排场。最后他不幸得了病，正在升天成佛的时候，锅里的水沸腾起来，把他惊醒了，他才觉得做了那么一场大梦，黄粱还没有煮熟！这是一个落第的穷书生在梦中享受他所渴望的荣华富贵。

诸如此例，都可以证明梦实在是满足欲望的。平时所已经满足的欲望绝不再入梦。有一个小孩子对他父亲说："爸爸，我昨夜梦见吃花饼子。"他父亲说："你这个梦有吉兆，你给我十文钱，我替你解释。"小孩子说："我如果有十文钱，吃饼子还要在梦中么？"这句话是含有至理的。欲望何以要在梦中满足呢？因为它是很骚扰的，容易扰乱睡眠；在想象中得了满足，睡眠才不易为它所惊醒。所以梦是颇有益于心理健康的，它一方面可以保护睡眠，一方面又用幻想镇住心理的天平的一端，以抵抗另一端所受的现实的重压。

六、噩梦

我们也许要发一个疑问：满足欲望的梦应该都能惬心快意，我们何以有时做可怕的噩梦呢？小孩子常梦被蛇咬伤或是落到水里，病人常梦被厉鬼凌虐，士兵常梦到战场上可怕的情形。难道我们希望被蛇咬，希望落水，希望尝战场上的恐怖，希望遇见厉鬼，在醒时不可得，于是在梦中遇着这些凶险来满足欲望吗？

麦独孤（W. McDougall）和其他心理学家常持此说作攻击弗洛伊德的证据。他们说："根据韦德（S. Weed）和海兰（F. Hallam）的研究，梦有58%带有痛感成分，而真正甜蜜的梦只有28%有余，我们可以见出梦与欲望无关。"

七、梦的隐义和显相

弗洛伊德说，这种理由不能成立，因为成人的梦大半是象征的，化装过的。上文所说的日梦和不是象征的梦所表现的欲望原来就没有经过压抑作用，所以在梦中可以自然流露，不必经过化装。成人的梦所表现的欲望大半已经受过压抑作用，如果赤裸裸地流露，必定受检查作用驱还到隐意识里去，所以有化装的必要。我们醒后所记得起的是梦的化装而不是梦的真面目，是"梦的显相"（manifest dream content）而不是"梦的隐义"（latent dream thought）。做梦好比制谜，显相是谜面，隐义是谜底；显相虽是零落错乱，隐义则有线索可寻。把隐义翻译为显相，叫作"梦的制造"（dream construction）；从显相中寻出隐义，叫作"梦的解释"（dream interpretation）。

八、梦的象征

以具体的形象代表欲望的满足，以显相代表隐义，就是通常所谓"象征"（symbolism）。象征的用意在逃免检查作用，让被压抑的欲望再现于意识阈。

九、梦的工作

把隐义翻译成显相可以采用四种方法，统称为"梦的工作"（dream work）。

（一）凝缩。拿一个符号代表许多隐义，叫作凝缩（condensation）。有时隐义的某部分完全省略，只有零碎片段化装成为显相；有时许多相类似的隐义共用一个显相，如同"混合影片"一样。一个年轻妇人梦见一个女子向她丈夫使眼色。她平时本来妒忌几个和她丈夫相亲密的女子，梦中所见的虽然只是一个女子，而这个女子所穿的衣服是在那几个女子身上取来凑成的，所以她实在是把几个女子的形象凝缩在一个人的身上。弗洛伊德自己曾经梦过作文章讨论一种植物，据分析的结果，"植物"这个观念代表 Gardener（意为园丁）和他美丽的夫人，又代表他所诊治的名叫 Flower（意为花）的病妇，又代表他自己的妻子所爱的花。

（二）换值。把被压抑的观念所有的情调，移注到另一个不关重要的观念上去，使它在梦中占重要的位置，叫作"换值"（displacement of value）。因有"换值作用"，在显相中是很重要的形象，在隐义中或不甚重要；在显相中是很琐屑的形象，在隐义中或甚重要。所谓换值就是情调的移置。依弗洛伊德说，情调本来是一种流动的心力，可以从甲观念移注到乙观念上去的。换值的目的在混淆轻重，使检查作用不容易发现欲望的真面目。比如一个客人已经走出门了，又跑回去，本来是要满足隐意识中再见主妇一面的欲望，而借口却是忘带手杖。拿手杖是一件细事而却有一个很热烈的念头依附在上面，这就是所谓"换值"。

（三）戏剧化。拿具体的形象来表现抽象的欲望，叫作"戏剧化"（dramatization）。用文字思想是在心理进化已达相当程度之后。原始的人类思想都用具体的形象。我们在梦中的思想，运用的便是原始时代的思想方法。形象之中尤以从视觉得来的为最普遍。一切梦的象征都是经过戏剧化来的。

（四）润饰。以上三种作用都是在做梦时进行，它们的目的都在逃避"梦的检查"（dream censor）。我们醒后回想梦中经过，仍受检查作用的裁制，把本来颠倒错乱的材料再加一番整理，使它现出若干条理来，这叫作"润饰"（secondary elaboration）。所以梦是经过两次化装的：第一次化装是在梦中进行的，第二次化装是在醒后回忆时进行的。梦的分析把这两重化装揭开，由显相中寻出隐义。

十、麦独孤对于弗洛伊德学说的批评

弗洛伊德的《梦的解析》出版以后，心理学的趋向为之一变。他的门徒把它尊为"圣经",不敢置疑其中一字一句;经院派心理学者又把它全部斥为荒诞无稽。诸家批评弗洛伊德比较精细的要算麦独孤。他一方面承认从亚里士多德之后对于心理学贡献最大的人莫过于弗洛伊德,而同时对于他的《梦的解析》也极肆攻击。他在《变态心理学大纲》里说:

> 弗洛伊德的梦的学说中几点真理好比糖衣,使读者们把整块的丸药吞咽下去,不说一句非难的话。它的几点真理是可以数得清的。第一,像别的心理活动一样,梦的成因是意志,是从心的本能的基层所发生的冲动。这本是事实,不过把这个事实表为"凡梦都是欲望的表现",也未免有些笨重。第二,在梦中寻表现的确实是被压抑的自然倾向。第三,梦中的思想比醒时的思想本来较为原始,大半运用形象,自然免不掉象征和寓言。第四,有些梦实在是被压抑的性欲的表现,有些梦的符号实在是性欲的。第五,弗洛伊德所视为梦所特有的几种作用(如上述凝缩、戏剧化等)有些的确是常在梦中发生的。

但是除了这五点之外,麦独孤对于弗洛伊德的学说颇肆攻击。他的最重要的理由有下列各点:

(一)心理学家对于行为的见解可分两派:一派持"享乐说"(hedonism),以为一切行为都不外是寻求快感与避免痛感,吾人心中预存何者发生快感、何者发生痛感的计算,而后才有寻求与避免的行为。一派持"动原说"（hormic theory），以为人类生来就有若干自然倾向，就要把这种自然倾向实现于动作，动作顺利，于是生快感；动作受阻碍，于是生痛感。在动作未发生以前，吾人实未尝预期快感如何可寻求，痛感如何可避免。这两派学说根本不能兼容。甲派注重理智，乙派注重本能和情感；甲派把快感和痛感看作行为的动机，乙派把它们看作行为的结果。享乐说盛行于18世纪，现代心理学者大半以为它是错误的而改从动原说。弗洛伊德本来是这种新趋向的先导者，他的心理学大体是建筑在动原说上面的。可是他同时又取所谓"快感原则"，以为隐意识中的欲望为着要寻求实现的快感，才化装偷入意识阈而成梦，这全是"享乐说"，和他的基本主张自相矛盾。

（二）弗洛伊德对于"检查作用"（censorship）和"自我"（ego）两个名词用得太混乱了。有时他把检查作用和自我看作是一件事，它们都受社会影响而后形成的，它们都是性欲的压抑者，都是隐意识的抵抗者。但是在梦的解释中，他又似乎把它们看作两件事。检查作用可以察觉梦的隐义而防止其赤裸裸地现于意识界，而"自我"则不能察觉梦的隐义。梦的隐义常躲避"自我"，因为恐怕惊动了它的道德意识。

照这样说，"自我"是富于道德意识的，连偶尔起来的一个不道德的念头也会使它受震撼。可是弗洛伊德又说，"自我"在梦中"脱尽伦理的束缚，同情于一切性欲的需要，同情于一切久被美育所排斥的和与道德约束相反的东西"。这样看来，"自我"一方面站在梦的剧场之外，拿它的道德意识来评判梦中经过，一方面它又站在梦的剧场之中成了一个主角。它究竟是怎么一回事呢？

弗洛伊德的压抑说全凭"自我"富于道德意识这个原则。"自我"怕不道德的欲望，才把它压抑下去，才施其检查作用和抵抗作用不让不道德的欲望回到意识中来。但从事实看，"自我"并不是这样富于道德意识的东西。

（三）弗洛伊德以为梦须化装以保护睡眠，免得惹起"道德的震撼"。做梦者常从梦中惊醒，而易使人惊醒的梦大半只因为其中情节富于过度的刺激性，并不必是不道德的。这件事实可以证明弗洛伊德的话没有凭据。

（四）弗洛伊德以为梦的符号都是象征生殖器和性的关系，他又承认这些符号是从野蛮的祖先遗传下来的。有些符号自然可以像他那样解释，有些符号却是人类已经开化以后的东西。

（五）弗洛伊德的学说最难解得通的是噩梦。他以为噩梦由于欲望没有化装得好，直接出现于意识阈，以至惹起道德意识的惊惧。这种说法太牵强，只要看看许多噩梦的内容便知道。噩梦中所以惹起惊惧的只是危险的情境而不必与道德观念相冲突。欧战中士兵们常做战场梦，把以往所经历过的险境完全回忆起来，这绝不能说是没有化装的性欲。

（六）依弗洛伊德说，梦所表现的欲望，一是隐意识的，二是经过"退向作用"的，这就是说，力比多的潜力退向到婴儿期所固结成的情意综。但是他自己所分析的梦很少有和这个学说相符合的。例如一个妇人梦见侄儿死了。她本来恋爱一位教授，后来因为发生误会，分散了就没有机会再见面。她从前确已见过另一个侄儿死了，在送丧时她得再见她所爱的那位教授。弗洛伊德分析这个梦，说梦见侄死是要实现再见教授的欲望。他又拿她醒时的经验来做证。她平时就处处寻机会见教授，每遇他公开演讲，必定去听。她又常常在那位教授后面远远地望着他。

从这些事实看，我们可以相信弗洛伊德的解释颇近情理，但是和他的理论却完全不符。第一，她所表现的欲望是她意识中所常觉到的，虽然略经压抑，却不一定已成为隐意识。她在醒时就处处明目张胆地追随那位教授，何以在睡眠中意识防范弛懈时反而要经过化装呢？第二，她的再见教授的欲望起于青春时期，并没有经过弗洛伊德所谓退向作用。

理论和事实不符这个毛病已经可以摇动弗洛伊德的梦的见解，而此外又另有一件事实也很值得注意，就是许多的梦不用弗洛伊德的方法也可以解释得通。同是一种事实，他的学说是一种解释，别的学说也可以解释，取舍就全凭我们自己裁夺了。在许多其他的梦的学说之中，荣格（C. G. Jung）的最为重要。

十一、荣格的梦的学说

荣格和弗洛伊德一样，也把梦看作隐意识的产品。不过他有两个要点和弗洛伊德不同：第一，弗洛伊德只究问梦的原因，他的解释完全是客观的；荣格注重梦的目的，他的解释是主观的。第二，弗洛伊德着重个体的隐意识，以为梦是欲望的化装；荣格着重集团的隐意识，以为梦是"原始印象"的复现。

这两个要点是相关联的，我们只要明白荣格所着重的 persona 和 anima 的分别，就可以见出它们是怎样相关联的。

十二、persona 和 anima 的分别

各人有各人的个性，个性不但在意识生活中见出，就在隐意识生活中也可以见出。荣格把意识生活的个性叫作 persona，意谓"人格"；把隐意识生活的个性叫作 anima，意谓"灵魂"。persona 是在个体的环境影响之下造成的，是自己觉得到旁人看得着的性格。anima 是无数亿万年前的远祖所遗传下来的"原始印象"，是自己觉不到旁人看不见的性格。这两种性格在同一个体之中常相反，唯其相反，所以能相弥补。anima 偏重情感时，persona 常偏重理智；anima "内倾"时，persona 常"外倾"，其他由此类推。我们在醒时所表现的心理生活是 persona，在梦中所表现的心理生活是 anima，比如理智过于发达的人往往忽略情感和本能的生活，本能和情感就借"原始印象"做符号在梦中出现，以弥补意识生活的缺陷。所以梦的材料是集团的隐意识中所储蓄的原始印象，梦的目的是以隐意识的个性纠正或弥补意识的个性。这个道理看下面的实例自然明白。

有一位患病的青年梦见站在一个果园里偷摘苹果，很小心地四面张望，好像怕被旁人看见似的。荣格用自由联想法分析这个梦，曾经做这样的一个报告：

病人所联想起的与这个梦有关的记忆：他幼时曾经在旁人的园里偷摘过两个梨子。梦中要点是做亏心事的感觉，他因而联想起前一天曾经在街上和一位仅有一面之交的姑娘谈话，适逢一位男朋友走过，他猛然觉得有一点害羞，好像做了什么坏事似的。他又由苹果联想到《旧约》中亚当、夏娃偷食禁果被逐出乐园的故事。他觉得偷食禁果受那样重罚是不可解的事。他常为这件事怪上帝太苛刻，因为人的贪鄙和好奇心也都是上帝给他的。他又联想起他的父亲常为一些事情惩罚他，尤其是偷看女子洗澡，这也是他不甚了解的。这件事又引起另一个自供。他近来正和一个婢女恋爱，前一日还和她私会过，虽然没有完全达到目的。

十三、原因观和目的观

偷摘苹果的梦所引起的联想如此。如果依弗洛伊德的原因观去解释它，它的意义应该是这样：梦者前一日和婢女私会，没有实现他的欲望，摘取苹果就是满足这个欲望的象征。

荣格反对这种专论原因的解释，主张同时也要顾到这个梦的目的。满足性欲的符号甚多，他何以不梦上楼梯，何以不梦拿钥匙开门而独梦偷摘苹果呢？如果他梦见上楼梯或是开门，则他的联想必不同，必没有偷摘苹果的"罪恶意识"，必联想不到亚当、夏娃的故事，必联想不到前天在街上被朋友看见和少女谈话时所感到的不安。他梦偷摘苹果，是由于"罪恶意识"取一个原始印象（偷食禁果在原始时代就已经代替罪恶意识，《旧约》中亚当、夏娃的故事就是明证）做符号，从隐意识中涌现出来。他近来意识生活是颇不道德的。他平时已把私通婢女一类的行为看惯。他的 persona 偏向纵欲，但是他的 anima 却存有罪恶意识，所以在梦中警告他私通婢女和偷摘苹果一样不正当。从此可知荣格的解释和弗洛伊德的几乎完全相反。弗洛伊德所谓隐意识内容尽是不道德的；荣格则以为隐意识不但不一定是不道德的，有时还可以纠正意识生活的不道德。

荣格以外，还有迈德（Maeder）、西伯勒（Silberer）和阿德勒（Adler）诸人对于梦的研究也各有贡献。和荣格一样，他们都注重目的观。一般人通常把他们统称为"后弗洛伊德派"（post-Freudian school）。迈德和西伯勒都把梦看作隐意识对于生活问题所给的答案。我们在生活方面感到某种困难时，意识固然在谋虑应付的方法，隐意识也在努力解决目前的困难。隐意识是弥补意识缺陷的，所以它的解决方法和意识的往往不同。梦就是隐意识对于目前困难所给的解决方法，所以它不仅是回顾以往，而且预瞻未来；不仅有前因，而且有后果。这种学说大体和荣格的相同，它并不说要把弗洛伊德的原因观根本推翻，不过以为弗洛伊德的学说只顾到一面的真理，我们应该拿目的观来补充它。

十四、阿德勒的梦的解释

阿德勒赞同弗洛伊德的梦是化装一说而却否认它是性欲的满足，

他赞同荣格的梦有目的一说而却否认它是隐意识对于意识的警告。阿德勒的学说集中于"在上意志"。每个人都希望比旁人优胜，在生活路径上悬一种很远的"幻想的目标"，时时刻刻地向这个目标努力前进。醒时如此，梦中也是如此。梦是继续醒时工作的，醒时心中所未解决的难题，在梦中也还在心中盘旋。"在上意志"所孕育的"幻想的目标"常带侵略性质，不免和意识相冲突，所以在梦中须借符号出现。我们现在可以取一个实例来说明：

有一个妇人恋爱她的姐夫，经过激烈的情感的冲突，因而发生精神病，常常想自杀。有一夜她梦见自己打扮得非常漂亮，和拿破仑在一块跳舞。她的名字是路易丝（Louise），拿破仑的后妻也叫作路易丝，他因为要娶路易丝，才和约瑟芬离婚。如果依弗洛伊德的解释，这个梦显然是性欲的表现，她希望她的姐夫仿效拿破仑，丢开她的姐姐来娶她自己。但是阿德勒说不然，她实在是希望胜过她的姐姐，并非钟爱她的姐夫。她的姐姐只嫁一个平凡的人，她自己却要寻一个拿破仑。她的"在上意志"不许她降格和一个寻常的男子跳舞。她醒时原已有这种希望，梦中所见只是一种幻想的实现。

以上所述诸家学说，各有各的道理，也各有各的荒唐。我们须根据事实，审慎抉择，不可专肆攻击，也不可盲目赞扬。将来较圆满的梦的学说或许是集合诸家所见到的片面的真理而成的。

节选自《变态心理学》

第六讲

弗洛伊德的隐意识说与心理分析

朱光潜

近代心理学者对于心理学范围一个争点,可分两派:一派像詹姆斯(W. James),偏重内省,视心理学为意识的科学(the science of consciousness)。一派像华生(J. Watson),专重旁察,视心理学为行为的科学(the science of behaviour)。行为学派者不承认行为以外别有可为心理学材料者,意识和无意识当然都不在论道之列;内省所及也很难出意识范围。所以意识派和行为派有一点相同:他们都把无意识一面心理忽略过去。但无意识之存在不可否认,我们听奕秋就不能想鸿鹄,想到东边就忘了西边。这些意阈以外的心理状况也应该不为心理学者所忽略,所以近来无意识研究渐放光彩,1909 年日内瓦国际心理学会议,无意识问题占重要讨论之一,这几年关于无意识的出版也很露头角了。

维也纳大学教授弗洛伊德（Sigmund Freud）的持论，与多数讲无意识者本不相同，但他的学说引起近代心理学者研究无意识，已为世所公认。弗洛伊德的隐意识说（Freudian theory of the unconscious）（附注）和心理分析（psycho analysis）不仅替心理学别开生面，对于艺术、文学、宗教、伦理、教育、医学，也都翻新了一些花样。10年前心理学界虽受他的学说的大震撼，多数学者仍不以他为然。欧战结果，弗洛伊德学说像联盟国一样幸运，得了一个大胜仗，因为许多士兵患一种神经病，据名医马考德（McCurdy）诸人研究，各种病况多与弗洛伊德学说吻合。他的心理分析法很医好些神经昏乱病。由是弗洛伊德变为心理界之达尔文了。我国各杂志偶尔有一两次说到弗洛伊德学说的，都语焉不详，恐怕不能生什么效力。我所以用简明的方法把他的大要来述一遍。

这篇文章将分作九段：一、弗洛伊德的隐意识说；二、隐意识与梦的心理；三、隐意识与神话；四、隐意识与神经病；五、隐意识与文艺宗教；六、隐意识与教育；七、心理分析；八、心理分析与神经病治疗学；九、结论。

一、隐意识说

隐意识起源于幼稚时期。儿童未受教育影响时，天真烂漫，因兽性冲动作用，满腹都贮了一些孩儿气的欲望，这种欲望大半与爱情或色欲有密切关系。后来年龄渐大，他们因为受习俗和教育影响，发现那些孩儿气的欲望大半与伦理、习俗、法律、宗教种种相冲突；于是他们不得不忍辛耐苦，把原来不为社会所容许的欲望压制下去，以迎合环境。譬如他从前想和近亲成婚，现在觉得这事不大体面，就把他的念头打消了。但他们对于这种克己的功夫，知其当然不知其所以然。那些被压制的欲望并非完全扑灭，不过躲藏在意识舞台后面罢了，它们仍旧存在心中，像原来一样活动，不过瞒着主者，不被他的意识察觉而已。

换句话说，它们被压制以后，就变成隐意识（the unconscious）。成年以后，无数较卑鄙的念头，都这样被主者驱出意阈以外，好让较高尚的生活目的去寻实现的路径。改变了多少宗旨，就压制了多少欲望。如后来被压制的欲望和从前的性质相同呢，它们就结为伴侣，混成一气。隐意识如此渐渐增大，好像正流受支流一样。

隐意识和通常记忆（memory）不同，弗洛伊德称通常记忆为先意识（preconscious）。先意识与隐意识有两大异点：一、先意识的起源在感觉所遗留的印象，隐意识的起源在欲望经过压制；二、先意识于必要时可以召回，使复现于意阈之上，隐意识除非心理起变态时，或用心理分析法时，不容易复现于意阈之上。

刚才不说隐意识还是一样活动吗？何以不被我们察破呢？依弗洛伊德看来，意识和隐意识处对敌地位，界限森严，好像一个在门里，一个在门外。意识有一种压力（repressing force, censor），这种压力好像一位关门令尹，站在"意识重地，闲人免进"的招牌旁，时常防御隐意识破关而入，扰害意境治安。在心理健全时，意识的压力常比隐意识的潜力大，所以隐意识不敢越雷池一步，只好在自己的境界活动。

二、隐意识与梦的心理

睡眠中意识的戒严令已失效,所以它的压力不免松懈职守,隐意识于是趁这机会,轻轻巧巧地偷关过到意识境界,为所欲为了。但他和意识原来相识,意识倘若看见,定会识破;所以它改头换面,不露真相。

照这样看,梦是被压制的欲望在幻想中装着假面具实现。清晨所记得的梦中一切,都不是梦的真意义,是真意义的化装。弗洛伊德称这种化装为梦的符号(symbol)。拿字谜做比例:所记忆的梦是谜面,梦的真意义是谜底。谜底须从谜面上加一番猜度,才可发现;梦的真意义也必须经一种推测,才能解释。但这种推测不是像算命先生从梦火推到升官一样玩意。弗洛伊德释梦,是用具有科学精神的心理分析法的。我暂且把这层放在下文分解,来举个例子把梦再说明白一点。

一少年梦见站在园里,四面张顾,看见没有人,就偷摘一个苹果。用心理分析法唤醒他的过去经验,许多回忆中有这一段故事:他原来和一女婢通情,前一日还同她会晤一次,但没有结果而散。依弗洛伊德的见解呢,这段故事就是做偷果梦的原因。偷果是与婢成欢的欲望之化装。两个同是可惭愧的事情,所以能生遮护的关系。偷果是一种符号,与婢成欢是梦的真意义。这种遮护手续是因为逃脱意识压制的。这里我要申明一句,这是弗洛伊德一面之词。

据考尔经(Calkins)女教授的研究,梦与睡眠中身体所受的刺激和感觉所遗留的印象,都有密切关系。譬如以手掩胸,梦为怪物所压;日间读的书,梦中还像摆在面前。这就可以补弗洛伊德的偏狭。

三、隐意识与神话

民族进化和个人生长一样，也有阶级可寻。在民族幼稚时期，社会团体也蕴蓄许多共同的孩儿气的欲望。后来民智渐开，文化渐盛，先民所希冀的多与事实相冲突，于是也被压制下去。这是民族的隐意识所由来。

民族的隐意识常流露于神话，所以荣格（Jung）称神话为民族之梦。神话大半无稽，现代人民知识本能够察破它的荒唐，但人人还喜欢谈神话，这就是隐意识的作用。因为它虽与事实相冲突，却又不妨碍事实。它不过是原始人类的欲望现在在幻想中实现罢了。

"虽不得肉，聊且快意"，神话也是这个玩意。我国《封神榜》所说的腾云驾雾，《聊斋》所说的狐鬼婚姻，都是原始人类所遗传的欲望，不能见诸事实而托于梦想的。

像梦一样，神话也有时不见真面目，寓意于化装里面，以躲避意识的压力。弗洛伊德所分析的俄狄浦斯（Oedipus）一个神话，讲心理分析和变态心理学的书常爱称引，我现在把它述个大略：俄狄浦斯之父为忒拜（Thebes）王。俄狄浦斯出世时，术者说他将来必弑父娶母，所以生而被弃。他于是寄养于邻国的王室。后来俄狄浦斯既成年，到忒拜游历，与忒拜王有点口角，就把他杀死。忒拜人尝为一狮身人首之兽所苦，俄狄浦斯能破其术，所以忒拜人选俄狄浦斯为王，而嫁以新寡之后。实则俄狄浦斯所杀者即其父，所娶者即其母，适合术者预言。

弗洛伊德说，人生最初所钟爱的目的，即为其母。但母的爱情为父所分去，所以人生最初所妒忌的目的即为其父。俄狄浦斯弑父娶母，虽像是无心之失，实则原始人类和儿童常不免有爱母仇父的观念，俄狄浦斯的故事不过是原始人类的欲望流露于神话罢了。

四、隐意识与神经病

弗洛伊德的隐意识说是研究神经病的结果。起初有一女子患神经昏乱症（hysteria）就医于弗洛伊德和勃纳尔（Breuer），并把她的平生事迹统统告诉给这两位医生。寻常医药试遍无效，于是弗洛伊德把这个病症细心研究到二十多年，才证明这个病原是早年的欲望在被压制以后，还时时同意识起冲突。

在心理健全时，隐意识只在梦中戴假面具出现。倘若心理有变态，于是意识压力薄弱，隐意识能够闯到意识境界，同意识起冲突，神经就起错乱的现象了。这种现象不仅在病中，就在健康时也能偶尔发现。有一女子曾写信给夺她自己恋爱的人的女友，收尾说，"我甚望君安而不乐"（well of unhappy），她对于这位女友当然不免有些妒忌，但哑子吃黄连，只能在心里苦，断不能说出口来的。此次她稍不留心一点，意识压力松懈职守，隐意识便出来闹笑话了。

像这种无心之失，我们差不多天天遇见。弗洛伊德在他的《日常发现的神经病》（Psycho pathology of Everyday Life）中说这种现象非常详细有味。

欧战中，英法士兵以患神经病而被遣归的，非常之多。医生以为战时神经病都由受炮弹炸裂的震撼所致，有人又说是由于炸药中的一氧化碳，所以他们把战时神经病统名为"惊弹症"（shell shock）。但有人对于此症原因仍不免怀疑，因为没有离开英国的士兵中也发现同样病症。研究结果与弗洛伊德所说的隐意识作用相吻合。在战争中，士兵的心境大半都极不平安。一方面战场上横尸流血的光景使他们刻刻危惧，刻刻有逃命的念头；一方面责任心和爱国心又把逃命的念头勉强压制住，成了隐意识。战情一天紧似一天，危惧心和责任心的冲突便一天强似一天。后来隐意识的潜力堆积到极高度，不能不猛然暴发，把神经弄得颠倒错乱，这是战时神经病的原因。心理分析法可以把此症完全医好，详见下文。

五、隐意识与文艺宗教

如前所说，我们的心境简直是个战场，一方面习俗、教育、宗教、法律所范围的意识处防守地位，时时坚壁固垒，以备不虞；一方面被压制到隐意识里去的童心兽欲，又时时枕戈待旦，相机而动。这样看来，我们的理性的意识不是常常处在危险地位吗？隐意识不是我们的仇敌吗？

但隐意识也非不可利用的。它所含蓄的潜力不能不求发泄。如任它自然发泄，势必至泛滥横流；如把它开导到一定的正当的方面，它的功用也很大。譬如残暴好杀的人可以训练成个勇敢有为的士兵，不一定要做强盗，这就因为他的气力有发泄的地方。

隐意识潜力也只求一个发泄的地方，好坏是不管的，所谓"决诸东方则东流，决诸西方则西流"，正是个绝好譬喻。

譬如隐意识中夸张气太重的人，可以练成一个演说家；隐意识中美容的嗜好很深的人，可以练成雕刻家或画家。大概爱文艺和信宗教的人都有些与事实相冲突的孩儿气。诗歌小说常想入非非，都是隐意识的流露。这种隐意识若不如此流露，便可倒行逆施，使神经错乱。它所以能如此流露，是因为所走的轨道与习俗、道德、法律都不相冲突，所以意识不压制它、排挤它，反而调节它。隐意识像这样由有害变成有益时，弗洛伊德称之为"陶淑作用"（sublimation）。

六、隐意识与教育

隐意识影响人生既如此重要密切，又大半起源于幼稚时期，那么，它和教育也很有关系了。大约在专制社会之下，个人受外界压力极大，只能闭着眼睛服从，自己的个性都打到十八层地狱下去；这样就不知不觉地造成许多隐意识了。

如民性好自由，社会少无理束缚，那么人人能自有权衡，遇见一个事物，先加一番思索。好，就希望，就用力达到目的；不好，当然无令人希望的魔力。这样就不会种下隐意识的种子了。所以学校和家庭当鼓励儿童自由思想，独立自重，使他们能自己审度事理，不至有不好的欲望要压制。

说到这里，我想我国家庭待儿童的态度真贻害不浅！单拿男女交际为例：同群相亲，本是天性。我国男女界限异常严密，使儿童把极平常的事想得非常奥妙神奇，遂至引动他们的好奇心。愈以为奇，愈想窥其底蕴；愈想窥其底蕴，社会防闲愈密。于是儿童不能不把他们的欲望勉强压制下去。普通人以为这是社会压力的成功，实则祸根就种在这里！

心中既有郁郁不得发泄的欲望，所以心理发达不能顺天然程序，这是与道德智慧都有极大妨碍的。只把少年作的诗词小说打开一看，全是一阵阴沉郁闷的酸气流露纸上！这就是意识和隐意识相冲突的现状了。我劝父兄师保们趁早觉悟，让儿童走自然发展所必经的路径，鼓励他们磨炼明察事物的思辨力，不要一味地压制。如果遇一经发泄必至贻害的兽性，也只当在积极方面着想，对儿童说当如此如此，不要只说莫如彼如彼，好在隐意识的潜力可以用上文说的"陶淑作用"引导到有益的方向去发泄。我国美育本太欠缺。一般人视饮食男女外，别无较高尚的生活目的，实在是社会上卑鄙龌龊一个主因。文艺是陶淑隐意识的无上至宝，宗教也可使普通人有较高尚的生活目的。我愿教育家稍稍注意此点。

七、心理分析

解梦与侦察神经病原，都要用心理分析法。心理分析的目的在发见隐意识中曾被压制的欲望和情绪。病人须坐在静室内，安闲自在地沉思默省，把与病况有关系的过去经验一一回想出来，报告给心理分析者。此时思想要极自由，极力脱去道德、习俗、法律种种观念的束缚。能想到什么就想什么，想到什么就说出什么，不要存丝毫羞恶之心。这样办法可以暂时减杀意识的压力，使隐意识中被压制的欲望，都穷形尽态地流露出来。这个方法名为自由联想法（free association method）。

行使这个方法时，可以用种种技术。譬如教病者不用思想，随意写散字，写出来的字大半时时来往起伏于病人心中，所以能给心理分析者一线光明。心理分析者又可写许多单字，一个一个地给病人看，叫他飞快地立刻说出与此字有关系的字。譬如病人受了惊吓，给他黑字看，他或者举鬼字做黑字有关系的字；如果他曾打消一个偷花瓶的念头，给他花字看，他或者举瓶字做花字有关系的字。这个手续要快，要完全不用思索，才能生效。

自由联想法很难探得确实的消息，因为病人总不免有些不可对人言的心事。他还不能把意识的压力完全推开。最好把病人催眠，于是设许多疑问，叫他回答。在催眠状态中，病人不受意识的压力，不仅把不可对人言的心事都和盘托出，就是他自己平素所忘记的经验都可想起来了。隐意识中被压制的欲望到这时都流露出来，所以心理分析者能考察致病的原因在哪里。

心理分析已成为一独立科学。操是术者不但要对于变态心理学很有根底，还要一种天才和技艺。分析手续非常繁难，我在这里限于篇幅，不过说一点大概罢了。

八、心理分析与神经病治疗学（psychotherapy）

神经病原因在隐意识与意识相冲突，已说在上面。

隐意识内容连病人自己也莫名其妙。心理分析法既把隐意识搜求出来，使复现于意识境界，于是病人就因此痊愈。这有两个理由：

（一）隐意识的潜力从前抑郁不展，现在复现于意识境界；既有机会发泄，所以不再泛滥横流，为害心绪。吾人严守一种秘密，心中总觉奇痒难禁，告诉人一遍，便觉舒畅不少。要笑不笑，心中实在难受，笑出来之后，心中便如释重负，非常快意。这都因为潜力得正当发泄。被压制的欲望经过心理分析，能再出头一次，神经病就无形消灭，也是同样道理。

（二）欲望勉强被压制，每非主者所甘心，因为他不明白习俗、道德、法律所以定要他这样的缘故。后来他的知识增加，如能回想以前的欲望，或竟发见那个欲望并无可欲望的价值，也未可知。我们成人看儿童希冀琐屑，非常可笑。他们自己且以为天地间没有再比他们希望的再宝贵呢！所以在早年被压制到隐意识里去的欲望，后来若用心理分析法引诱到意识界时，像冰冻见了太阳，自然消灭了。有一个女子患一种神经病，尝将手拳紧握。心理分析者把她的被压制的孩童气的欲望唤转来，她的手拳就立刻展开。这就是一个好例。

还有一种神经病是生于突然受惊的。有人从火车上坠下时，把从前一切都完全忘记了。小儿见了可惊怖的事物，每每成为疯癫。这都因为神经位置受震撼而错乱的缘故。如用心理分析法把他的未受惊时经验一一召回记忆中，把他的零落错乱的记忆重行整理一遍，病症就可以因此复原了。

九、结论

弗洛伊德的学说一方面创造心理分析一个独立科学，使神经病治疗学和变态心理学受莫大贡献；一方面放些光彩到文艺、宗教、教育、伦理上面去。它的价值已无须申说。不过我还有一层要告诉读者，免得人"妹妹自得于一先生之说"。

心理分析有两派：一是维也纳派（Vienna school），这派领袖就是弗洛伊德；一是苏黎世派（Zurich school），这派代表是荣格。荣格早年与弗洛伊德在一块儿研究，受弗洛伊德的影响很大。后来他便独树一帜，他的学说可以补弗洛伊德之偏。他有两层特点：一、弗洛伊德只承认隐意识有原因，荣格说隐意识另有目的（finality），这个目的在调剂意识作用的偏狭，所以隐意识也很有益。二、弗洛伊德以为被压制的欲望都与色欲有关，荣格说欲望是生力（vital energy）自然流动，他的方向不限于色情一面，隐意识中非色情的分子也很不少。这是近来心理分析运动的大略。

附注：陆志韦君在南京高师演讲，译 unconscious 为隐机。汪敬熙君在《最近心理学之趋势》中译 unconscious 为无意识。隐机二字嫌含混，不能尽弗洛伊德的原意，因为本能 instinct 和冲动 impulse 也可以说是隐机。照字面说，原当作无意识。不过弗洛伊德用的 unconscious 与常意略别。走路时两脚更动，是无意识作用，不是隐意识作用。梦呓是隐意识作用，不能说是无意识作用，因为倘若梦中毫没有意识，我们醒时何以能记得呢？我以为译弗洛伊德用的 unconscious 为隐意识，有两层好处：一、隐比无好，无谓不存在，隐谓存在而不发现，但可以发现的。二、被压制的欲望在睡眠和神经错误时，隐在符号的背景流露（见第二段）。

本文原载 1921 年 7 月《东方杂志》第 18 卷第 14 号

第七讲

青年的心理病态和自救

朱光潜

这题目是一位青年读者提议要我谈的。他的这个提议似显示青年们自己感觉到他们在心理上有毛病。这毛病究竟何在，是怎样酝酿成的，最好由青年们自己做一个虚心的检讨。我是一个中年人，和青年人已隔着一层，现时代和我当青年的时代也迥然有别，不能全据私人追忆到的经验，刻舟求剑似的去臆测目前的事实。我现在所谈的大半根据在教书任职时的观察，观察有时不尽可据，而且我的观察范围限于大学生。我希望青年读者们拿这旁观者的分析和他们自己的自我检讨比较，并让我知道比较的结果。这于他们自己有益，于我更有益。

一个人的性格形成，大半固靠自己的努力，环境的影响也不可一笔抹杀。"豪杰之士虽无文王犹兴"，但是多数人并非豪杰之士，就不能不有所凭借。很显然地，现时一般青年所可凭借的实太薄弱。他们所走的并非玫瑰之路。

先说家庭。多数青年一入学校，便与家庭隔绝，尤其是来自沦陷区域的。在情感上他们得不到家庭的温慰。抗战期中一般人都感受经济的压迫，衣食且成问题，何况资遣子弟受教育。在经济上他们得不到家庭的援助。父兄既远隔，又各个为生计所迫，终日奔波劳碌，既送子弟入学校，就把一切委托给学校，自己全不去管。在学业品行上他们得不到家庭的督导。这些还只是消极的，有些人能受到家庭影响的，所受的往往是恶影响。父兄把教育子弟当作一种投资，让他们混资格去谋衣食，子弟有时顺承这个意旨，只把学校当作进身之阶，此其一。父兄有时是贪官污吏或土豪劣绅，自己有许多恶习，让子弟也染着这些恶习，此其二。中国家庭向来是多纠纷，而这种纠纷对于青年人常是隐痛，易形成心理的变态，此其三。

次说社会国家。中国社会正当新旧交替之际，过去封建时代的许多积弊恶习还没有涤除净尽，贪污、腐败、欺诈、凌虐的事情处处都有。青年人心理单纯，对于复杂的社会不能了解。他们凭自己的单纯心理，建造一种难于立即实现的社会理想，而事实却往往与这理想背驰，他们处处感觉到碰壁，于是失望、惊疑、悲观等等情绪源源而来。其次，青年人富于感受性，少定见，好言是非而却不真能辨别是非，常轻随流俗转移，有如素丝，染于青则青，染于黄则黄。社会既腐浊，他们就不知不觉地跟着它腐浊。总之，目前环境对于纯洁的青年是一种恶性刺激，对于意志薄弱的青年是一种恶性引诱。加以国家处在危难的局面，青年人心里抱着极大的希望，也怀着极深的忧惧。他们缺乏冷静的自信，任一股热情鼓荡，容易提升到高天，也容易降落到深渊。一个人叠次经过这种虐疾式的暖冷夹攻,自然容易变成虚弱,在身体方面如此,在精神方面也如此。

再次说学校。教育必以发展全人为宗旨,德育、智育、美育、群育、体育五项应同时注重。就目前实际状况说,德育在一般学校等于具文,师生的精力都集中于上课,专图授受知识,对于做人的道理全不讲究。优秀青年感觉到这方面的缺乏而彷徨,顽劣青年则放纵恣肆,毫无拘束。即退一步言智育,途径亦多错误,灌输多于启发,浅尝多于深入,模仿多于创造,揣摩风气多于效忠学术。在抗战期中,师资与设备多因陋就简,研究的空气尤不易提高。向学心切者感觉饥荒,凡庸者敷衍混资格。美育的重要不但在事实上被忽略,即在理论上亦未被充分了解。我国先民在文艺上造就本极优越,而子孙数典忘祖,有极珍贵的文艺作品而不知欣赏,从事艺术创作者更寥寥。大家都迷于浅狭的功利主义,对文艺不下功夫,结果乃有情操驳杂、趣味卑劣、生活干枯、心灵无寄托等种种现象。群育是吾国人向来缺乏的,现代学校教育对此亦毫无补救。一般学校都没有社会生活,教师与学生相视如路人,同学彼此也相视如路人。世间大概没有比中国大学教授与学生更孤僻、更寂寞的一群动物了。体育的忽略也不自今日始,有些学生们还在鄙视运动,黄皮刮瘦几乎是知识阶级的标志。抗战中忽略运动之外又添上缺乏营养。我常去参观学生吃饭,七八人一席只有一两碗无油的蔬菜,有时甚至只有白饭。吃苦本是好事,亏损虚弱却不是好事。青年人正当发育时期,日复一日年复一年地缺乏最低限度的营养,结果只有亏损虚弱,甚至于疾病死亡。心理的毛病往往起于生理的毛病,生理的损耗必酿成心理的损耗。这问题有关于民族的生命力，凡是远见的教育家、政治家都不应忽视。

家庭、社会、国家和学校对于青年人的影响如上所述。在这种情形之下，青年人在心理方面发生下列几种不健康的感觉。

第一是压迫感觉。青年人当生气旺盛的时候，有如春日的草木萌芽，需要伸展与生长，而伸展与生长需要自由的园地与丰富的滋养。如果他们像墙角生出来的草木，上面有沉重的砖石压着，得不着阳光与空气，他们只得黄瘦萎谢，纵然偶尔能费力支撑，破石罅而出，也必变成臃肿拳曲，不中绳墨。不幸得很，现代许多青年都恰在这种状况之下出死力支撑层层重压。家庭对于子弟上进的企图有时做不合理的阻挠，社会对于勤劳的报酬不尽有保障，学校不能使天赋的聪明与精力得充分发展，国家前途与世界政局常纠缠不清，强权常歪曲公理。这一切对于青年人都是沉重的压迫，此外又加上经济的艰窘、课程的繁重、营养缺乏所酿成的体质羸弱，真所谓"双肩上公仇私仇，满腔儿家忧国忧"。一个人究竟有几多力量，能支撑这层层重压呢？撑不起，却也推不翻，于是都积成一个重载，压在心头。

其次是寂寞感觉。人是富于情感的动物，人也是群居的动物，所以人需要同类的同情心最为剧烈。哲学家和宗教家抓住这一点，所以都以仁爱立教。他们知道人类只有在仁爱中才能得到真正幸福。青年人血气方刚，同情的需要比中年人与老年人更为迫切。我们已经说过，现代中国青年不常能得到家庭的温慰，在学校里又缺乏社会生活，他们终日独行踽踽，举目无亲，人生最强烈的要求不能得到最低限度的满足，他们心里如何快乐得起来呢？这里所谓"同情心"包含异性的爱在内。男女中间除着人类同情心的普遍需要之外，又加上性爱的成分，所以情谊一旦投合，便特别坚强。这是一个极自然的现象，不容教育家们闭着眼睛否认或推翻。我们所应该留意的是施以适当教育，因势利导，纳于正轨，不使其泛滥横流。这些年来我们都在采男女同学制，而对于男女同学所有的问题未加精密研究，更未予以正确指导。结果男女中间不是毫无来往，便是偷偷摸摸地来往。毫无来往的似居多数，彼此摆在面前，徒增一种刺激。许多青年人的寂寞感觉，细经分析起来，大半起于异性中缺乏合理而又合体的交际。

第三是空虚感觉。"自然厌恶空虚"，这个古老的自然律可应用于物质，也可应用于心灵。空虚的反面是充实，是丰富。人生要充实丰富，必须有多方的兴趣与多方的活动。一个在道德、学问、艺术或事业方面有浓厚兴趣的人，自然能在其中发见至乐，绝不会感觉到人生的空虚。宋儒教人心地常有"源头活水"，此心须常是"活泼泼的"，又教人玩味颜子在箪食瓢饮的情况之下"所乐何事"，用意都在使内心生活充实丰富。据近代一般心理学家的见解，艺术对于充实内心生活的功用尤大，因为它帮助人在事事物物中都可发见乐趣。观照就是欣赏，而欣赏就是快乐。现在一般青年人对学术既无浓厚兴趣，对艺术及其他活动更漠不置意，生活异常干枯贫乏，所以常感到人生空虚。此外又加上述的压迫与寂寞，使他们追问到人生究竟，而他们的单纯头脑所能想出的回答就是"空虚"。他们由自己个人的生活空虚推论到一般人生的空虚，犯着逻辑学家所谓"以偏概全"的错误。个人生活的空虚往往是事实，至于一般人生是否空虚则大有问题，至少历史上许多伟大人物不是这么想。

以上所说的三种不健康的感觉都有几分是心病，但是它们所产生的后果更为严重。在感觉压迫、寂寞和空虚中，青年人始而彷徨，身临难关而找不着出路，踌躇不知所措；继而烦闷，仿佛以为家庭、社会、国家、学校以至于造物主，都有意在和他们为难，不让他们有一件顺心事，于是对一切生厌恶，动辄忧郁、烦躁、苦闷；继而颓唐麻木，经不起一再挫折，逐渐失去辨别是非的敏感与向上的意志，随世俗苟且敷衍，以"世故"为智慧，视腐浊为人情之常。彷徨犹可抉择正路，烦闷犹可力求正路，到了颓唐麻木，就势必至于堕落，无可救药了。我不敢说现在多数青年都已到了颓唐麻木的阶段，但是我相信他们都在彷徨烦闷，如果不及早振作，离颓唐麻木也就不远了。

总之，我感觉到现在青年人大半缺乏青年人所应有的朝气，对一切缺乏真正的兴趣和浓厚的热情。他们的志向大半很小，在学校只求敷衍毕业，以后找一个比较优裕的差缺，姑求饱暖舒适，就混过这一生。自然也偶尔遇着少数的例外，但少数例外优秀的青年军势孤力薄，不能造成一种风气。现时代的青年，就他所表现的精神而论，决不能担当起现时代的艰巨任务。这是有心人不能不为之犹惧的。

这种现状究竟如何救济呢？照以上的分析，病的成因远在家庭、社会、国家与学校所给的不良的影响，近在青年人自己承受这影响而起的几种不健康的感觉。治本的办法当然是改良环境的影响，尤其是学校教育。这要牵涉许多问题，非本文所能详谈。这里我只向青年人说话，说的话限于在我想是他们可以受用的，就是他们如何医治自己，拯救自己。

第一，青年人对于自己应有勇气负起责任。我们旁观者分析青年人的心理性格，把环境影响当作一个重要的成因，是科学家所应有的平正态度。但是我们也必须补充一句,环境影响并非唯一的决定因素,世间有许多人所受的环境影响几完全相同而成就却有天渊之别,这就是证明个人的努力可以胜过环境的影响。青年们自己不应该把自己的失败完全推诿到环境影响,如果这样办,那就是对自己不负责任,为自己不努力去找借口。我们旁观者固不能以豪杰之士期待一切青年,但是每一个青年自己却不应只以庸碌人自期待。旁人在同样环境之下所能达到的成就,他如果达不到,他就应自引以为耻。对自己没有勇气负责的人在任何优越环境之下,都不会有大成就。对自己负责任,是一切向上心的出发点。

其次,青年人应知实事求是,接受当前事实而谋应付,不假想在另一环境中自己如何可以显大本领,也不把自己现在不能显本领的过失推诿到现实环境。自己所处的是甲境,应付不好,聊自宽解说:"如果在乙境,我必能应付好。"这是"文不对题",仍是变态心理的表现。举个具体的例,问一位青年人为什么不努力做学问,他回答说:"教员不好,图书不够,饭没有吃饱。"这样一来,他就把责任推诿得干干净净了。他应该知道,教员不好、图书不够、饭没有吃饱,这些都是事实;他须接受这些事实去应付。如果能设法把教员换好,图书买够,饭吃饱,那固然再好没有;如果这些一时为事实所不允许,他就得在教员不好、图书不够、饭没有吃饱的事实条件之下,研究一个办法,看如何仍可读书做学问。他如果以为这样的事实条件不让他能读书做学问,那就是承认自己的失败;如果只假想在另一套事实条件之下才读书做学问,那就是逃避事实而又逃避责任。

第三,青年人应明了自己的心病须靠自己努力去医治。法国有一位心理学家——库维——发明一种自治疗术，叫作"自暗示"。依这个方法，一个人如果有什么毛病，只要自己常专心存着自己必定好的念头，天天只朝好处想，绝不能朝坏处想，不久他自会痊愈。他实验过许多病人，无论所患的是生理方面的或是心理方面的病，都特著奇效。他的实验可证明自信对于一个人的心理影响非常之大。自信是一个不幸的人，就随时随地碰着不幸事，自信是一个勇敢的人，世间便无不可征服的困难。许多青年人所缺乏的正是自信心。没有自信心就没有勇气，困难还没有临头就自认失败。

比如上文所说的三种不健康的感觉，都并非绝对不可避免的。如果能接受事实，有勇气对自己负责任，尽其在我，不计成败，则压迫感觉不致发生。每个人都需要同情，如果每个人都肯拿一点同情出来对付四周的人，则大家互有群居之乐，寂寞感觉不致发生。人生来需要多方活动，精力可发泄，心灵有寄托，兴趣到处泉涌，则生活自丰富，空虚感觉不致发生。这些事都不难做到，一般青年人所以不能做到者，原因就在没有自信，缺乏勇气，不肯努力。

节选自《谈修养》